Bertolt Brecht

Kalendergeshichten

채신없는 할머니

1판 1쇄 발행 2021년 9월 15일

지은이 | 베르톨트 브레히트
옮긴이 | 김미란
발행인 | 신현부

발행처 | 부북스
주소 | 04613 서울시 중구 다산로29길 52—15[신당동], 301호
전화 | 02 - 2235 - 6041
팩스 | 02 - 2253 - 6042
이메일 | boobooks@naver.com

ISBN 979-11-91758-06-1
ISBN 978-89-93785-07-4 [세트]

부클래식

090

채신없는 할머니
-달력 이야기

베르톨트 브레히트

김미란 옮김

차례

채신없는 할머니[1]

할아버지가 돌아가셨을 때 할머니는 일흔두 살이셨다. 할아버지는 바덴 주의 작은 도시에서 석판 인쇄업을 하며 두세 명의 조수를 두고 일하셨다. 할머니는 하녀도 없이 살림을 꾸리셨고 오래되어 삐걱거리는 집을 손보시며 인쇄공들과 자녀들을 위해 음식을 만드셨다.

　할머니는 작고 마른 몸에 생기 있는 도마뱀 같은 눈을 가졌으나 말씨는 느릿느릿했다. 할머니는 정말 빈약한 생활비로 다

1　〈채신없는 할머니〉는 브레히트가 1939년 망명지에서 써서 1949년《달력이야기》에 포함시켜 출간하였다. 브레히트가 할머니의 탄생 100주년을 기념하기 위해서 쓴 것으로 추측된다. 실제 할머니의 일생(Karoline Brecht 1839-1919)과 정확하게 일치하지 않지만, 브레히트는 할머니한테서 강한 인상을 받았다. 1919년에는 할머니의 80세 생일을 축하하는 시를 헌정하기도 했다. 이 작품은 1964년 프랑스에서 영화로(르네 알리오 감독), 1985년에는 동독 텔레비전에서 드라마로(카린 헤르혀 감독) 제작되었다.

섯 자녀를 길렀다 — 원래는 일곱을 출산했다. 여러 번 출산하고 세월이 가면서 할머니는 몸이 더 작아졌다.

자녀 중에서 딸 둘은 미국으로 갔고, 아들 둘도 역시 멀리 떠났다. 다만 막내아들만이 건강하지 못하여 그 작은 도시에 그대로 남아 있었다. 그는 인쇄공이 되어 대가족을 거느리고 있었다.

할아버지가 돌아가셨을 때 할머니는 혼자 집에 계셨다.

자녀들은 어머니를 어떻게 하면 좋을지 편지를 썼다. 한 아들은 자신의 집 근처 양로원에 모시겠다고 했고, 인쇄공은 자신이 식구들과 함께 어머니 댁으로 들어가겠노라고 했다. 하지만 할머니는 그 제안들에 대해 거절하며, 자녀 중 각자가, 할 수 있다면, 생활비를 조금씩 보태주면 받겠다고 했다. 오래전에 낡아버린 석판인쇄 시설은 팔아 봐야 얼마 되지도 않았고, 게다가 부채도 있었다.

자식들은 노인이 혼자서 사실 수는 없다고 편지를 썼지만, 할머니가 도대체 인정하지 않자 그들은 동의하고 매달 조금씩 돈을 보내드리기로 했다. 그들은 결국 인쇄공인 막내아들이 그 도시에 살고 있으니까 하고 생각했다.

인쇄공은 형제자매들에게 때때로 어머니에 관해서 보고하는 일을 맡았다. 인쇄공 삼촌이 내 아버지에게 보낸 편지들에서, 그리고 아버지가 한 번 방문했던 사실에서, 그리고 이 년 후 할머니의 장례식 후에 듣게 된 사실에서, 이 년 동안 어떤 일이 있었는지 나에게 그림이 그려졌다.

인쇄공 삼촌은 처음부터 할머니가 자신을 집으로 들이지 않은 것에 대해 실망한 듯 보였다. 할머니의 집은 상당히 크고 비어 있는 방이 많았는데도 말이다. 삼촌은 아이들 넷과 함께 방세 개가 있는 집에서 살고 있었다. 하지만 할머니는 이 아들과 아주 뜸한 관계를 유지하고 있었다. 매주 일요일에 아이들을 불러서 같이 커피를 마시는 것이 전부였다.

할머니는 아들네 집에 석 달에 한두 번 가서 며느리가 베리 잼 만드는 것을 도와주곤 했다. 젊은 며느리는 말하는 사이사이에 인쇄공의 작은 집이 자신들에게 너무 좁다는 것을 드러냈다. 이 대목을 편지에 적으며 인쇄공은 참지 못하고 느낌표를 쳤다.

내 아버지가 편지에서 요새 그 노인이 뭘 하시냐고 묻자, 동생은 아주 짧게, 영화관에 가신다고 대답했다.

그런 일이, 어쨌든 그 자녀들의 눈에는, 보통 일이 아니라는 것을 이해해야 한다, 영화관이란 곳이 삼십 년 전[2]에는 오늘날

_____

2 작가가 이글을 쓴 것이 1939년이고 그로부터 30년 전이라고 했으니 1910년쯤으로 생각됨.

과 같지 않았다. 지저분하고 공기도 나쁜 곳이고, 흔히 오래된 볼링장에 설치되었다. 입구에는 요란한 현수막이 걸려있고, 그 위에서는 살인과 정열의 비극을 예고하고 있었다. 여하튼 십대 청소년들이나, 아니면 컴컴하니까 연인들이나 찾는 곳이었다. 노인 여성이 그곳에 혼자 간다면 틀림없이 눈에 띄는 일이었을 것이다.

또 이 영화 관람의 다른 측면도 생각해 볼 수 있었다. 입장료는 확실히 쌌을 테지만, 그런 오락은 이를테면 군것질에 속하는 일로, "내버리는 돈"을 의미하는 것이었다. 그리고 돈을 내버린다는 건 존경받지 못 할 일이었다.

게다가 할머니는 그 지역에 사는 아들과 규칙적으로 만나지도 않을 뿐 아니라, 다른 친지 중의 아무도 방문하거나 집에 부르지도 않았다. 그 도시의 커피 모임에도 한 번도 가지 않았다. 그 대신에 할머니는 어떤 구두 수선공의 작업실에 자주 들렀다. 그곳은 가난하고 소문도 좀 안 좋은 좁은 골목에 있었는데, 특히 오후에는 모든 종류의 별 볼일 없는 사람들이 둘러앉는 곳으로 특히 일자리 없는 여종업원들이나 수공업자 청년들이 모여 있었다. 구두 수선공은 중년 남자였는데 온 세상을 돌아다녔으나 별로 성취한 것이 없는 사람이었다. 게다가 그는 술을 마신다는 것이었다. 어쨌든 내 할머니가 사귈 만한 사람은 아니었다.

인쇄공 삼촌은 편지에서, 자신이 어머니에게 그 점을 암시했으나 아주 담담한 대답만 돌아왔다고 했다. "그 사람은 뭔가 보고 온 사람이야"가 할머니의 대답이었고 그걸로 대화는 끝났다. 할머니에게 당신이 하고 싶지 않은 일에 관해 이야기하게 하는 일은 쉽지 않았다.

할아버지가 돌아가신 후 약 반년 후에 인쇄공 삼촌이 아버지에게 편지를 쓰기를, 어머니가 요즘 이틀에 한 번씩 음식점에서 외식하신다고 했다.

이 무슨 대단한 소식인가! 할머니는 일평생 열 명이 넘는 식구들을 위해 음식을 만드셨고 항상 남은 음식만을 드시곤 했는데, 지금 음식점에서 드신다니! 할머니가 어떻게 되신 건가?

오래지 않아 아버지는 그 근처로 출장 여행을 하게 되어서 할머니를 만나러 갔다.

아버지는 막 외출하려는 할머니와 만났다. 할머니는 모자를 벗어 놓고 아들 앞에 적포도주 한 잔과 츠비박[3]을 내놓았다. 아주 침착하게 보였고, 특별히 쾌활하거나 특별히 말이 없지는 않았다. 우리 가족들의 안부를 물었으나 아주 자세히 묻지는 않고, 주로 아이들을 위해 앵두나무가 있는지를 알고 싶어 했다.

---

3 두 번 구운 토스트 빵.

언제나 그러셨다. 방은 물론 끔찍이 깔끔했고 본인은 건강해 보였다.

할머니의 새 인생을 암시한 단 한 가지는, 아들과 함께 묘지에 가서 남편의 묘소를 참배하려 하지 않았다는 것이다. "너 혼자서 갈 수 있지"하고 지나가는 말처럼 했다, "열한 번째 줄 왼쪽에서 세 번째다. 난 지금 가야 할 데가 있어."

인쇄공 삼촌은 나중에, 어머니가 틀림없이 구두 수선공한테 갔을 거라고 말했다. 삼촌은 불평이 대단했다.

"난 이런 굴 같은 곳에서 가족들과 살면서 하루에 다섯 시간밖에 일이 없어서 급료도 형편없는데다, 천식이 다시 도지고 있는데, 중앙로의 그 집은 텅 비어 있다고요."

아버지는 여관에 방 하나를 잡았지만, 할머니가 당신 집에 묵으라고 부르기를 기대했었다, 적어도 인사말만이라도, 하지만 거기에 대해서는 아무 말도 하지 않았다. 전에는 집에 식구들이 꽉 찼을 때도 아들이 당신 집에 묵지 않고 호텔에 돈을 쓰는 일을 반대했었는데!

하지만 할머니는 이제 자신의 삶이 기울어 가는 이때에, 가족과의 삶을 마감하고 새로운 길을 가려는 듯이 보였다. 유머 감각이 많았던 나의 아버지는 할머니가 '아주 명랑해' 보인다고 삼촌에게 말했다. 노인이 원하는 대로 하시게 두라고 말이다.

하지만 할머니는 뭘 원하셨을까?

그다음에 보고된 소식은, 할머니가 마차 한 대를 빌려서 유원지로 타고 갔다는 것이었다. 그것도 평일인 목요일에. 마차는 큰 바퀴가 달린 대형마차로 온 가족이 탈 수 있는 좌석이 있었다. 몇 번인가 우리 손주들이 찾아뵈러 갈 때면 할아버지가 대절해서 태워주시던 것이었다. 할머니는 그때 항상 집에 남아 계셨다. 함께 가시자는 권유를 손을 내저으며 물리치곤 하셨다.

마차 사건 이후에는 K. 시로의 여행이 있었다. 기차로 약 두 시간쯤 가야 하는 조금 큰 도시였다. 그곳에서는 경마가 열렸는데, 할머니가 그 경마에 가신 것이다.

인쇄공 삼촌은 이제 아주 경종을 울렸다. 삼촌은 할머니를 의사에게 보이고 싶어 했다. 편지를 읽고 아버지는 고개를 끄덕였지만, 의사를 끌어들이는 것은 거부했다.

K. 시에 할머니는 혼자 가지 않았다. 어린 여자애 하나를 데려갔는데, 인쇄공이 쓴 바에 따르면, 그 애는 반 쯤 정신지체아로 할머니가 이틀에 한 번 식사하는 음식점의 주방에서 일한다고 했다.

이제부터 이 '병신'이 중요한 역할을 했다.

할머니는 그 아이에게 홀딱 빠진 듯 보였다. 그 애를 데리고 영화관에도 가고, 사회민주주의자라고 자처하는 구두 수선공에게도 갔다. 그리고 소문에 의하면 그 집 부엌에서 두 여자가 적포도주 한 잔을 놓고 카드놀이도 한다고 했다.

"어머니는 그 병신한테 모자도 사주고 그 위에 장미꽃도 달아줬어요." 인쇄공 삼촌은 절망적으로 썼다. "우리 딸 안나는 견진성사를 위한 드레스도 없는데 말이에요!"

삼촌의 편지는 아주 신경질적이 되어서, 이제는 '우리 사랑하는 어머니의 채신없는 행동'에 대해서만 쓰고 그 외에 다른 이야기는 없었다. 그다음은 아버지에게 들은 이야기이다.

여관주인은 아버지에게 눈을 찡긋하며 조용히 속삭였다고 한다. "B. 부인께서는 지금 즐기고 계십니다요."

실제로 할머니는 이 말년에도 결코 낭비하며 살지 않으셨다. 음식점에서 식사하지 않을 때에는 대개 약간의 달걀 요리와 약간의 커피 그리고 좋아하는 츠비박을 드셨다. 그 대신 값싼 적포도주를 사놓고 끼니마다 작은 잔으로 한 잔씩 마시곤 하셨다. 늘 사용하는 침실이나 부엌만이 아니라, 집은 언제나 청결하게 유지하였다. 하지만 그 집은 자식들 모르게 저당 잡혔다. 할머니가 그 돈으로 무엇을 했는지 절대로 밝혀지지 않았다. 아마 구두 수선공에게 그 돈을 주었을 것이다. 그는 할머니가 돌아가신 후 다른 도시로 이사했고 그곳에서 좀 더 큰 맞춤 제화점을 열었다고 한다.

잘 생각해보면 할머니는 두 번의 인생을 차례차례 사셨다. 첫 번째는 딸로서, 아내로서 그리고 어머니로서, 그리고 두 번째는 B 부인으로서, 아무런 의무도 없는 독신 여성으로서, 검소하지만 충분하게 생활하면서. 첫 번째 인생은 대략 육십 년이 걸렸고, 두 번째는 이 년이 넘지 않았다.

아버지는, 할머니가 마지막 반년 동안 보통 사람들이 전혀 알지 못하는 특별한 자유를 누렸음을 알게 되었다. 할머니는 여름날 새벽 세 시면 일어나서 완전히 자기 혼자만의 것이 된 소도시의 텅 빈 거리를 산책했다. 그리고 외로운 노인에게 친구해 드리겠다고 찾아온 신부님에게 영화관에 가시자고 초대했다고도 한다!

할머니는 전혀 외롭지 않았다. 구두 수선공 가게에는 보아하니 재미있는 사람들이 모였고 많은 이야기가 오고 갔을 것이다. 다른 사람들이 이야기하며 도시의 위엄 있는 권력자들을 비방하는 동안 할머니는 당신이 가져온 적포도주 병을 놓고 작은 잔으로 마셨다. 이 적포도주는 할머니를 위해 보관해두지만, 할머니는 때때로 모임을 위해 독한 술을 가져다주기도 했다.

할머니는 아주 갑작스럽게 돌아가셨다. 어느 가을날 오후에 침실에서, 하지만 침대가 아니라 창가에 있는 나무 의자에 앉아서. 할머니는 '병신'을 그날 저녁 영화관에 가자고 초대했었다.

그래서 돌아가실 때는 그 처녀가 옆에 있었던 거다. 할머니는 일흔네 살이었다.

나는 임종 자리의 할머니를 보여주는 사진으로 자녀들을 위해 제작된 사진을 보았다. 아주 작은 얼굴, 많은 주름살, 그리고 입술은 얇았지만 넓은 입. 아주 조그맣지만 조금도 좀스럽지 않은 얼굴이다. 할머니는 오랜 세월 속박의 삶을 살다가 짧은 세월의 자유를 맛보고 인생이라는 빵의 마지막 부스러기까지 다 드시고 가신 것이다.

노자가 망명길에서 도덕경을 쓰게 되었다는 전설[4]

1

선생은 나이 칠십이 되고 쇠약해지자

휴식이 필요하게 되었다

그 땅에서 선이 다시 약해지고

악이 세력을 얻어 다시 강해졌기 때문이다.

그래서 선생은 구두끈을 맸다.

---

4 이 시는 브레히트의 "가장 유명한 시 중의 하나"(얀 크노프)이고 독일 망명 문학의 중요 작품이다. 시는 고대 중국의 철학자 노자의 전설적인 일화를 기술한다. 이 전설은 브레히트가 1920년경부터 오랜 세월 몰두했던 도교 사상을 반영한다. 브레히트는 특히 리하르트 빌헬름이 번역한 도덕경을 통해 노자 사상을 알게 되었다. 그는 무위와 선함이 승리하는 희망 사이에 선 망명자로서 자신의 초상화를 그렸다고 본다.

이 시는 1938년 브레히트가 덴마크에서 망명 도중 썼고, 1939년 모스크바의 세계 문학 잡지에 발표되었다. 여기의 일화는 이미 짧은 산문(〈친절한 중국인들〉)의 소재가 되었었는데, 작가는 1949년《달력 이야기》에 포함시켰다. 이 시에 1949년 귄터 코한(아이슬러의 제자)이 곡을 부쳤다.

2

선생은 필요한 짐을 쌌다.

조금만. 그러나 이런 것도 저런 것도 들어갔다.

담배 파이프, 저녁이면 항상 피는 담배.

그리고 항상 읽던 작은 책.

흰 빵은 눈대중으로 적당히.

3

계곡을 다시 한 번 즐기고

산중으로 길을 들어서자 계곡에 대해서는 잊어 버렸다.

타고 가는 황소는 노인을 태워 가는 동안에

즐거운 듯 신선한 풀을 씹는다

황소에게는 충분한 빠르기였다.

4

나흘 째 되는 날 바위 절벽 사이에서

세관원 하나가 그의 길을 막았다.

"세금 낼 귀중품 있소?"—"없소."

그런데 황소를 이끌고 가던 소년이 말했다, "이분은 가르치던 분이에요."

그리고 노인에 대해 설명도 했다.

5

그런데 세관원은 유쾌하게 들뜬 소리로
더 물었다, "선생이 뭔가 얻어낸 것이 있었나?"
소년이 말했다, "흐르는 물은 부드럽지만
시간이 가면 강한 바위도 이긴다는 사실이요.
아시지요, 딱딱한 것이 진다고요."

6

마지막 날빛을 아끼려고
소년은 이제 황소를 재촉하여
셋이 벌써 검은 소나무를 돌아서 사라지고 있는데
그때 갑자기 이 사내의 기분이 좋아졌다.
그리고 소리쳤다, "어이, 거기 멈춰!

7

"물이 어떻게 됐다고요, 노인장?"
노인은 멈췄다, "당신도 그런 것에 관심 있소?"

그 남자는 말했다, "나는 세관 직원에 지나지 않지만
누가 누구를 이기나 하는 데는 관심 있소.
노인장이 그것을 안다면, 말씀해 주십시오!

8
나한테 써 주시오! 이 아이한테 불러주고 적게 하시오!
그런 것은 혼자 갖고 떠나는 게 아니오.
저기 우리 집에 종이도 있고 먹도 있소
그리고 저녁 식사도 있고요. 내가 저기 살고 있어요.
자, 할 말 있소?"

9
노인이 어깨 너머로 보니
사내는 기운 윗저고리를 입고, 신발도 안 신었다.
그리고 이마에는 주름이 단 한 개.
아, 어떤 승자가 그를 향해 걸어온 것이 아니었다.
그리고 그는 중얼거리기를, "당신도?"라고 했다.

10
공손한 청탁을 거절하기에

노인은 보이는 바와 같이 너무 늙었다.

그는 큰 소리로 말했다, "무언가를 묻는 사람들은

대답을 얻을 자격이 있지." 소년도 말했다, "날씨도 벌써 추

워지는데요."

"좋아, 잠시 쉬어 가지."

11

현자는 황소에서 내렸고

이레 동안 그들은 둘이서 써 내려갔다.

그리고 세관원은 음식을 가져왔다 (그러면서 작은 소리로

그 시간 내내 다니던 밀수장이들에 대해서 투덜거렸다).

그리고 작업은 끝났다.

12

어느 날 아침 소년은 세관원에게

여든한 개의 말씀을 전해주었다.

그리고 그들은 약간의 여행 선물에 감사하며

그 소나무를 돌아서 절벽 사이로 들어갔다.

말해 보시오. 이 이상 더 예의가 바를 수 있겠나요?

13

그러나 우리는 그 이름이 책에서 눈에 띄는

현자만을 칭송하지 않지요!

현자에게서 그의 지혜를 우선 빼내야 했으니까요.

그러니 세관원도 역시 감사를 받아 마땅하겠지요.

현자에게 지혜를 요구했으니까요.

아우크스부르크의 분필 원[5]

삼십년 전쟁 당시 개신교도인 칭리라는 이름의 스위스 사람은 레히강 변의 자유제국도시 아우크스부르크에 큰 피혁 공장과 가죽 제품 상점을 가지고 있었다. 그는 아우크스부르크 여자와 결혼하여 아이도 하나 있었다. 가톨릭 군대가 이 도시로 진군 했을 때, 사람들은 그에게 급히 도피하라고 조언했지만, 가족이 그를 붙잡았는지, 피혁 공장을 그대로 두고 떠날 수 없었는지 어쨌든 그는 제때 떠날 결심을 할 수 없었다.

그렇게 그는 도시에 남았고, 황제의 군부대가 도시에 쳐들

---

5 〈아우크스부르크의 분필 원〉 이야기는 1940년 브레히트가 스웨덴에서 망명 하던 시기에 썼다. 30년 전쟁 중(1618—1648)의 아우크스부르크가 무대인데, 이 도시는 독일 동남부에 위치한 가톨릭 도시이며 브레히트의 출생지이다. 이야기는 1941년 처음 발표되었고, 브레히트는 이 이야기를 1949년 발간된 《달력 이야기》에 포함시켰다.

어와서 약탈하던 날 밤에 마당 아래에 있는 염료를 보관하는 굴에 숨었다. 그의 아내는 아이와 함께 교외에 사는 친정 쪽 친척에게 가기로 하였지만, 여러 가지 물건과 옷가지, 장신구, 침대를 싸느라고 너무 지체하였다. 그러다 갑자기 이 층 창에서 내려다보니 황제군의 한 무리가 마당으로 달려들었다. 그녀는 놀라서 모든 것을 그대로 내버려 두고 뒷문을 통해서 넓은 집을 정신없이 빠져나갔다.

그렇게 해서 아기는 집에 남게 되었던 것이다. 아기는 커다란 대청마루에 있는 요람에 누워 천장에 끈으로 매달아 놓은 나무 공을 갖고 놀고 있었다.

오직 어린 하녀 하나만이 아직 집 안에 남아 있었다. 하녀는 부엌에서 주석 그릇을 챙기고 있다가 골목에서 들려오는 소음을 들었다. 창가로 달려가 보니 건너편 이 층에서 군인들이 온갖 약탈한 물건을 골목으로 내던지는 것이었다. 하녀가 대청으로 달려가 아기를 요람에서 막 들어 올리려고 할 때, 떡갈나무 현관문을 두드리는 육중한 소음이 들렸다. 그녀는 기겁하여 계단을 뛰어 올라갔다.

술 취한 군인들이 중앙 홀을 가득 메우더니, 모든 것을 아주 박살을 냈다. 그들은 그 집이 개신교도의 집이라는 것을 알고 있었다. 그런 수색과 약탈 와중에도 하녀 안나는 기적처럼 들키지 않았다.

무리가 빠져나가고, 안나가 숨은 장롱 속에서 기어 나와 보니, 대청마루에는 아기가 다치지 않고 무사히 있었다. 그녀는 급히 아기를 안고 마당으로 나왔다. 그사이에 밤이 되어 어두웠으나, 근처에서 불타고 있는 집의 붉은 불빛이 마당을 밝혀주고 있었다. 놀란 하녀의 눈에 처참한 주인의 시체가 보였다. 군인들이 그를 굴에서 끌어내서 때려죽인 것이었다.

하녀는 그제서야 비로소 자신이 개신교도 아기를 안고 길에서 잡히면 그것이 얼마나 위험한 일인지를 깨달았다. 무거운 마음으로 아기를 요람에 다시 데려다 놓고 우유를 좀 주고, 잠들도록 요람을 흔들어 준 다음에, 결혼한 언니가 사는 동네로 갔다.

밤 열 시경 안나는 형부와 함께, 승리에 취하여 소란스러운 군인들을 뚫고, 아기의 어머니인 칭리 부인을 찾으러 교외로 급히 갔다. 그들은 거대한 현관문을 두드렸다. 문은 한참 후에야 조금 열렸다. 키 작은 노인, 칭리 부인의 아저씨가 머리를 내밀었다. 안나는 숨이 차지만 칭리 나리는 죽었고, 아기는 그 집에 무사히 있노라고 보고했다. 노인은 물고기 같은 눈으로 차갑게 그녀를 보더니, 조카는 이미 여기 없으며 자신은 개신교도의 자식은 상관하지 않겠다고 말했다. 그러더니 문을 다시 닫았다.

그 집을 떠나면서 안나의 형부는 창문 하나에서 커튼이 움직이는 것을 보고, 청리 부인이 그 집에 있다고 확신했다. 부인은 자신의 아이를 부정한 것이 부끄럽지도 않나 보다.

한동안 안나와 형부는 나란히 말없이 걸어갔다. 갑자기 그녀가 형부에게, 피혁 공장으로 돌아가서 아기를 데려오겠노라고 말했다. 형부는 조용하고 점잖은 남자였는데 그녀가 말하는 것을 듣고 놀라서 이런 위험한 생각을 하지 말라고 설득했다. 처제가 이 사람들과 무슨 관계냐? 예의 바르게 제대로 대접도 안 하는데.

안나는 그의 말을 조용히 듣다가, 어리석은 짓은 하지 않겠노라고 약속했다. 하지만 아기에게 아직 별일 없는지 빨리 피혁 공장에 꼭 가봐야겠다고 했다. 그녀는 혼자 가겠다고 했다.

안나는 자신의 뜻을 이루었다. 파괴된 홀 한가운데 있는 요람에서 아기는 조용히 자고 있었다. 그녀는 몸이 피곤한데도 그 옆에 앉아서 아기를 바라보았다. 감히 불도 켜지 못했다. 하지만 인근의 집이 아직도 불타고 있어서 그 불빛 덕분에 아기를 아주 잘 볼 수 있었다. 아기의 목에는 작은 점이 있었다.

하녀는 한동안, 아마 한 시간 정도, 아기가 어떻게 숨을 쉬는지 어떻게 작은 주먹을 빠는지를 보고 깨달았다, 자신이 너무 오래 앉아 있다 보니 너무 많은 것을 보아서 이제는 아기를 두고 떠날 수 없다는 것을. 그녀는 천천히 일어나서, 느릿한 동작으로 아기를 아마포 천에 감싸서 팔에 안고, 마치 양심의 가책을 느끼는 도둑처럼 겁먹은 듯이 주변을 둘러보면서 마당을 떠났다.

안나는 언니와 형부와 오래 의논한 끝에 이 주일 후에 농부인 오빠가 사는 시골 마을 그로스아이팅엔으로 아이를 데리고 갔다. 농장은 올케의 소유였으니, 오빠는 처가로 들어간 것이다. 아이가 누구인지는 오빠한테만 이야기하기로 약속하였는데, 그들은 나이 어린 올케를 본 적도 없고, 올케가 이 위험한 어린 손님을 어떻게 받아들일지도 몰라서였다.

안나는 점심때쯤 마을에 도착했다. 오빠와 올케 그리고 일꾼들이 점심을 먹고 있었다. 안나는 나쁜 대접은 받지 않았지만, 올케의 시선을 보고 즉시 아이가 자신의 아이라고 소개하였다. 안나는 남편이 멀리 떨어진 마을의 방앗간에서 일하면서, 몇 주 후에 올 자신과 아이를 기다리고 있다고 이야기하니까, 그제서야 올케의 표정이 누그러지면서 아기를 보고 칭찬하고 감탄하는 것이었다.

오후에 안나는 숲으로 나무하러 가는 오빠를 따라갔다. 그들은 나무 그루터기에 앉았고, 안나는 사실을 말했다. 그녀는 오빠의 안색이 안 좋아지는 것을 볼 수 있었다. 농장에서 그의 위치가 아직 확고한 것은 아니기 때문이다. 그래서 오빠는 안나가 아내 앞에서 입을 다문 것은 매우 잘했다고 칭찬했다. 어린 아내가 개신교도 아이를 너그럽게 대하리라고 기대할 수 없다는 것은 확실했다. 그는 계속 숨기자고 했다.

시간이 갈수록 그것은 쉬운 일이 아니었다.

안나는 수확할 때 함께 일하면서, 다른 사람들이 쉴 때면, 항상 밭에서 집으로 달려가서 '자신의' 아이를 틈틈이 돌보았다. 아이는 잘 자라서 통통해지기까지 했다. 안나를 볼 때마다 웃으며 힘차게 고개를 흔들었다. 하지만 그러다가 겨울이 왔고, 올케는 안나의 남편에 대해 궁금해 하기 시작했다.

안나가 농장에 머무는 것에 대해 반대하지는 않았고, 항상 쓸모 있는 일도 할 수 있었다. 안 좋은 일은 이웃 사람들이 안나 아들의 아버지에 대해 이상하게 생각하는 일이었다. 한 번도 아들을 보러 오지 않았으니까 말이다. 안나가 아이 아버지를 보여줄 수 없다면 농장은 금시 소문에 말려들 것이 틀림없었다.

어느 일요일 아침 농부가 마차에 말을 매더니 안나에게 큰 소리로 이웃 마을에 송아지를 데리러 가자고 말했다. 덜그럭거리는 마차 위에서 오빠는 동생에게 남편감을 찾고 있었는데 한 사람을 발견했다고 전했다. 그는 죽을병이 든 소작농인데, 두 사람이 좁은 오두막에 들어서자, 더러운 이불보에서 수척한 머리를 겨우 들어 올릴 수 있었다.

그는 안나와 혼인하려는 의사가 있었다. 침대 머리맡에 서 있는 살결이 누런 노파가 그의 어머니였다. 그 어머니는 안나에게 결혼증명서를 보내는 일을 하고 보수를 받을 예정이었다.

사무적인 일은 십 분 만에 흥정이 끝났고, 안나와 오빠는 계속 말을 타고 가서 송아지를 가져올 수 있었다. 결혼식은 그 주말에 치러졌다. 사제가 성혼 선언문을 중얼거릴 때, 병든 남자는 그 유리 눈 같은 시선을 한 번도 안나에게 돌리지 않았다. 오빠는, 며칠이 지나지 않아 사망 증명서를 받게 되리라고 의심치 않았다. 그리되면 안나의 남편이자 아이의 아버지는 그들에게 오다가 무슨 일인지 아우크스부르크 근처 어느 마을에서 죽은 것이 되고, 그러면 아무도 그 과부가 오빠의 집에 머무는 것을 이상하게 생각하지 않을 것이다.

안나는 기묘한 결혼식에서 돌아오면서 기뻤다. 결혼식에는 교회의 종소리도 없었고 들러리도 축하객도 없었지만 말이다. 결혼 피로연 음식으로 빵 한 조각에 베이컨 한 쪽을 얹어 식당에서 먹고 오빠와 함께 아이가 누워 있는 궤짝 앞으로 갔다. 아이는 이제 성과 이름을 갖게 되었다. 그녀는 이불을 단단히 덮어주며 오빠를 보고 웃었다.

그러나 사망 증명서는 빨리 오지 않았다.

그 다음 주에도 다음다음 주에도 노파에게서 소식이 오지 않았다. 안나는 농장에서 남편이 지금 자기에게 오는 중이라고 말했다. 그가 어디쯤 있느냐고 누가 물으면 폭설 때문에 여행이 힘든가 보다고 말했다. 하지만 그 다음 삼 주일이 지나자 오빠는 매우 불안해져서 아우크스부르크 근처 그 마을로 갔다.

오빠가 밤늦게 돌아왔다. 안나는 깨어있다가, 마차가 마당에서 덜컹거리는 소리를 듣고 문으로 달려갔다. 그녀는 농부가 천천히 말을 푸는 것을 보고 가슴이 오그라드는 것 같았다.

오빠는 나쁜 소식을 가져왔다. 오두막에 들어서니 다 죽어가던 남자가 속옷 바람에 식탁에 앉아서 두 볼로 우물우물 씹으면서 저녁을 먹고 있었고, 그는 다시 완전히 건강한 사람이 되었다는 것이다.

오빠는 계속 보고하면서 안나의 얼굴을 보지 않았다. 그 소작농은, 이름이 오터러라고 했는데, 그 사람의 어머니도 이런 반전에 놀란 듯이 보였고, 일이 어떻게 될지 어떤 결심도 서지 않은 것 같았다. 오터러는 안 좋은 인상은 아니라고 했다. 그는 말수가 적었다, 하지만 그 어머니가, 아들이 이제 원하지 않는 마누라와 남의 아이에 묶였다며 불평하려고 하자 말을 못 하게 막았다. 그는 이야기하는 도중에도 신중하게 치즈 요리를 계속 먹었고 농부가 그 집을 떠날 때도 계속 먹고 있었다.

물론 안나는 그다음 며칠 동안 걱정이 많았다. 그녀는 집안일을 하는 사이사이에 아이에게 걷는 것을 가르쳤다. 아이가 실감는 막대에서 손을 놓고 짧은 두 팔을 내밀며 그녀를 향해 비틀거리며 걸어 올 때, 그녀는 눈물 감춘 흐느낌을 억누르고 아이를 잡고 꼭 껴안아 주었다.

한 번은 안나가 오빠에게 물었다. 그가 어떤 사람이더냐고? 그녀는 그를 임종 침대에서만 보았고, 밤이었고, 희미한 촛불 아래서였다. 이제 그녀는 남편이 일에 지친 오십 대이고, "그냥 그렇고 그런 소작농"같이 생겼다는 것을 알게 되었다. 그리고 즉시 그를 만나 보았다. 어느 행상인이 그녀에게 아주 비밀스럽게 소식을 전달했는데, 즉 '어떤 지인'이 모월 모일 모시에 란츠베르크로 가는 길이 갈라지는 곳에 있는 마을에서 만나자는 것이었다. 결혼식을 한 사람들이 이렇게 둘이 사는 마을의 중간지점에서, 마치 고대에 전사의 대열 사이에 마주 선 장수들처럼, 눈 덮인 평원에서 만났다.

남편은 안나의 마음에 들지 않았다.

그는 이빨이 거무스레했다. 그녀가 두터운 양털 가죽으로 몸을 감싸고 있어서 많이 볼 수 없는데도 불구하고 그녀를 위에서 아래까지 살펴본 다음 '혼배 성사'라는 단어를 사용했다. 그녀는 짧게, 모든 걸 더 생각해 보아야 하겠다고 말했다. 그러나 그에게 부탁하기를, 그로스아이팅엔을 지나가는 행상이나 백정이 있으면 자신의 올케한테, 그가 곧 도착할 것이며 도중에 병이 들었다고 전해달라고 했다.

오터러는 신중한 방식으로 고개를 끄덕했다. 그는 그녀보다 머리 하나만큼 컸고 말하는 도중에 계속 그녀의 왼쪽 목에 시선을 두었다. 그녀는 그것에 화가 났다.

하지만 소식은 오지 않았다. 안나는 아이를 데리고 그냥 농장을 떠나 남쪽으로 가서, 켐튼이나 존트호펜으로 가서 일자리를 구할까 하고 생각했다. 하지만 시골길은 안전하지 않고, 소문도 많았다. 그리고 한겨울이라서 그녀는 그 생각을 접었다.

농장에 머무는 것이 더욱 어려워졌다. 올케는 점심 식탁에서 모든 일꾼이 있는 앞에서 남편에 대해 믿지 못하겠다는 듯이 물었다. 한 번은 아이에게 거짓 동정을 보이며 큰 소리로 '불쌍한 벌레'라고 말했을 때, 안나는 떠나야겠다고 결심했다. 그러나 그때 아이가 병이 들었다.

아이는 열이 올라 얼굴이 빨개지고 흐릿한 눈으로 불안하게 궤짝에 누워 있었다. 안나는 며칠 밤을 새우고 잠도 못 자며 불안과 기대 속에서 지냈다. 아이가 다시 나아지고 미소를 되찾은 어느 날 오전 문 드리는 소리가 나더니 오터러가 들어섰다.

방 안에는 안나와 아이 외에는 아무도 없어서, 꾸며낼 필요도 없었다. 그녀가 너무 놀라서 그러는 것도 불가능했겠지만. 그들은 한동안 말없이 서 있었다. 그러자 오터러가 자기 편에서도 이 일을 곰곰이 생각했노라고, 그 결과 그녀를 데리러 온 것이라고 말했다. 그는 다시 결혼의 성스러움을 들먹였다.

안나는 화가 났다. 억제하기는 했지만 단호한 음성으로 남자에게 그와 함께 살 생각은 없다고, 자신은 오직 아이 때문에 결혼한 것이고, 자신과 아이에게 성과 이름을 주는 일 외에 그에게 원하는 것은 아무것도 없다고 말했다.

오터러는 그녀가 아이에 대해 말할 때, 힐끗 아이가 누워서 중얼거리고 있는 상자 쪽을 보았는데 가까이 가지는 않았다. 그런 태도에 안나는 더욱더 그에게 반감을 품었다.

그는 그녀가 다시 한 번 생각해 봐야 할 것이라고 몇 마디 더 상투적인 말을 했다. 자신의 집은 근근이 입에 풀칠할 정도는 되고, 자신의 어머니는 부엌에서 잘 수 있다고 했다. 그러자 올케가 들어와서 호기심에 가득 차서 인사를 하며 같이 점심을 하자고 했다. 그는 벌써 밥상 앞에 앉으면서 오빠에게 인사했다. 천천히 고개를 끄덕이며, 모르는 척 꾸미지도 않고, 알고 있다는 것도 드러내지 않았다. 농부의 아내가 하는 질문에 그는 단음절로 대답했다. 시선을 접시에서 떼지 않고, 자신은 메링에서 일자리를 얻어서 안나를 데려갈 수 있다고 했다. 그러나 그 일이 곧 있을 거라고는 말하지 않았다.

오후에 그는 농부와 함께 있는 시간을 피해서, 아무도 그러라고 요청하지 않았는데도 집 뒤쪽에서 장작을 팼다. 저녁 식사 후에, 그는 그 식사에도 말없이 참석했는데, 농부의 아내는 그가 밤에 자고 갈 수 있도록 손수 안나 방에 이불을 가져왔다. 하지만 그때 그는 이상하게도 무거운 몸을 일으키더니 그날 밤으로 돌아가야 한다고 중얼거렸다. 떠나기 전에 그는 멍한 시선으로 아이가 있는 상자를 바라보았지만 아무 말도 하지 않았고 아이를 만져 보지도 않았다.

그날 밤 안나는 병이 들어 고열에 시달렸고 몇 주일 동안 앓았다. 그녀는 대부분의 시간을 무관심하게 누워 지냈고, 아침에 열이 약간 내리면 아이가 있는 상자로 기어가서 이불을 바로 덮어주곤 했다.

병이 든 지 4주가 지났을 때 오터러가 사다리 마차를 타고 안마당으로 들어와서 그녀와 아이를 데리고 갔다.

안나는 말없이 따라갔다.

안나는 아주 천천히 다시 기운을 되찾았다, 소작농 오두막의 빈약한 식사였을 테니 당연하였다. 그러다가 어느 날 아침에 보니 아이가 아주 더러워 보였다. 그녀는 결심하고 일어났다.

어린아이는 다정한 미소를 지으며 그녀를 맞았다. 그 미소가 그녀를 닮았다고 오빠는 항상 주장했었다. 그 아이는 자라서 믿을 수 없는 속도로 기어 다녔고, 두 손으로 손뼉을 치고, 넘어져서 얼굴을 찧으면 작게 소리치기도 했다. 그녀는 나무 물통에서 그 애를 씻어 주고는 낙관적인 확신을 되찾았다.

물론 며칠 되지 않아서 오터러와의 삶을 견딜 수 없었다. 그녀는 아이를 이불보에 싸고, 빵 한 덩이와 치즈를 챙겨서 그곳을 떠났다.

안나는 존트호펜으로 가려고 생각했지만 멀리 가지 못했다. 아직 다리가 약해서 힘이 없었고, 국도는 눈이 녹아 진창이었다. 여러 마을 사람들은 전쟁을 겪으면서 불신에 가득 차고 인색해져 있었다. 길 떠난 지 사흘째 되던 날 그녀는 길가 배수로에서 발을 삐었다, 몇 시간 동안 아이 때문에 두려웠지만, 어느 농장으로 옮겨져서 그곳 외양간에 누워 있어야 했다. 아이는 암소들 다리 사이로 기어 다니면서, 그녀가 불안해서 소리 지르면 웃기만 했다. 결국 농장 사람들에게 남편의 이름을 말할 수밖에 없었고, 그가 와서 그녀를 다시 메링으로 데려갔다.

안나는 그때부터 도주 시도를 더 하지 않고 운명을 받아들이기로 했다. 열심히 일했다. 작은 경작지라서 소출이 조금밖에 안 되니 빈약한 살림살이를 꾸려가기가 쉽지 않았다. 그래도 남편은 불친절하지 않았고, 아이는 배불리 먹었다. 오빠도 가끔

와서 이것저것 선물을 주고 가기도 했다. 한번은 아이의 겉저고리를 붉은색으로 염색해줄 수도 있었다. 그 색이 염색공의 아이에게 잘 맞는다고 생각했다.

시간이 갈수록 그녀는 만족하였고, 아이를 기르면서 많은 기쁨을 느꼈다. 그렇게 그해가 지나갔다.

하지만 어느 날 그녀가 마을에 시럽을 가지러 갔다가 돌아오니 아이가 오두막집에 없었다. 남편이 말하기를, 잘 차려입은 부인이 마차를 타고 와서 아이를 데려갔다는 것이다. 그녀는 놀라서 벽을 잡고 비틀거렸다. 그리고 그날 밤 먹을 것을 보따리에 싸 들고 아우크스부르크로 길을 떠났다.

제국도시에서 처음으로 간 곳은 피혁 공장이었다. 그녀는 들어갈 수 없었고 아이도 볼 수 없었다.

언니와 형부는 그녀를 위로하려고 했지만 헛수고였다. 그녀는 관청으로 가서 아이를 도둑맞았다고 정신이 나간 사람처럼 소리 질렀다. 개신교도들이 아이를 훔쳐 갔을지도 모른다고 암시하는 데까지 이르렀다. 그러나 이제는 다른 시대가 와서 가톨릭 교인들과 프로테스탄트 교인들이 평화협정을 맺었다는 것을 알게 되었다.

사람들은 그녀에게 특별한 행운의 도움이 오지 않는 한, 성과를 얻어내기 어렵다고 말했다. 그녀의 법적 사건은 아주 특별한 남자인 어느 판사에게 맡겨졌다.

그는 이그나츠 돌링어라는 판사로, 슈바벤 전체에서 거칠고 박하다식하기로 유명하였는데, 바이에른 선제후와 자유제국 도시의 법적 분쟁을 해결하고 나서—그 일로 '라틴의 잡놈'이라는 별명을 얻었지만—하층민 사이에서는 긴 장타령 노래로도 칭송받는 인물이었다.

안나는 언니와 형부를 데리고 그 판사에게 갔다.

키는 작으나 엄청나게 뚱뚱한 노인이 썰렁하고 작은 방에 양피지 무더기 사이에 앉아서 아주 잠깐만 안나의 말을 들었다. 그리고 종이에 뭔가를 적더니, 퉁명스럽게 말했다. "저리 걸어가 봐, 빨리!" 그리고 작고 두툼한 손으로 방 한군데, 좁은 창으로 빛이 들어오는 곳을 가리켰다. 몇 분 동안 판사는 그녀의 얼굴을 자세히 바라보더니 한숨을 내쉬면서 가라고 손짓하였다.

다음 날 판사는 재판소 정리를 통해 그녀를 불렀고, 그녀가 문턱에 서자 소리를 질렀다. "왜 이 아이에게 피혁 공장과 막대한 재산이 걸려 있다는 걸 한마디도 안 했나?"

안나는 자신에게는 아이가 중요하다고 완강하게 말했다.

"자네가 피혁 공장을 가로챌 수 있다고 헛된 생각 하지 말아." 판사는 소리쳤다. "그 사생아가 진짜 자네 아이라면 재산은 칭리의 친척에게 돌아가는 거야."

안나는 그를 쳐다보지 않고 고개를 끄덕거렸다. 그리고 말했다. "그 애한테 피혁 공장은 필요 없어요."

"자네 아이야?" 판사는 으르렁거렸다.

"네, 그래요." 그녀는 작은 소리로 말했다. "아이가 말을 다 배울 때까지 만이라도 데리고 있을 수 있으면 좋겠어요. 이제 겨우 일곱 마디 말할 줄 알아요."

판사는 기침을 하더니 책상 위의 양피지 고문서들을 정리했다. 그리고 좀 조용하지만, 아직도 화가 난 어조로 말했다.

"자네도 그 꼬마를 가지려 하고, 저기 다섯 폭 비단 치마 입은 여자도 그 애를 원해. 하지만 그 애한테 올바른 어머니가 필요하군."

"네." 안나가 말하며 판사를 바라보았다.

"꺼져." 그는 퉁명스럽게 말했다. "토요일에 재판할 거야."

토요일에 이 도시와 시청 앞 광장 페를라하 탑 근처에는 사람들이 새카맣게 모였다. 그들은 '개신교도 아이'를 두고 열리는 재판을 참관하러 온 사람들이었다. 이 특별한 사건은 처음부터 많은 시선을 끌었고 집집마다 술집마다 사람들은 누가 진짜 어머니이고 누가 가짜 어머니인가를 놓고 논쟁을 벌였다. 게다가 돌링어 노인도 신랄한 말투와 격언으로 민중 편을 들어 재판한다고 널리 소문이 난 판사였다. 그의 재판은 대목장에서 떠드는 사람들 이야기보다 인기가 더 있었다.

그리하여 시청 앞에는 아우크스부르크 시민들뿐만 아니라 주변 농장의 농부들도 적지 않게 모였다. 금요일이 장날이었는데, 그들은 이 재판을 기대하며 시내에서 하룻밤을 묵기까지 했다.

돌링어 판사가 재판하는 넓은 방을 소위 황금 홀이라 불렀다. 그 방은 기둥이 하나도 없는 방으로 규모에 있어서 독일 전체에 하나밖에 없는 것으로 유명했다. 천장은 용마루의 사슬에 걸려 있었다.

작은 몸집의 둥근 산 같은 돌링어 판사는, 한쪽 벽에 붙은 닫힌 청동 문 앞에 앉아 있었다. 그는 평범한 밧줄로 청중들과 경계를 두었다. 판사는 평평한 바닥에 앉았고 앞에는 책상도 없었다. 그 자신이 몇 년 전 그 규정을 폐지하였다. 그는 시선을 끄는 것을 중요하게 생각했다.

밧줄로 경계선을 표시한 안쪽 공간에는 숙부와 함께 온 칭리 부인과 스위스에서 온 고인 칭리 씨의 친척들이 있는데, 옷을 잘 입은 이 점잖은 남자들은 지위가 있는 훌륭한 상인들로 보였다. 그리고 안나 오터러가 그 언니와 함께 있었다. 칭리 부인 옆에는 아이를 안고 있는 유모가 보였다.

양쪽 편과 증인들 모두 서 있었다. 돌링어 판사는 소송당사

자들이 서 있어야 할 때 재판이 더 빨리 끝난다고 말하곤 했다. 하지만 아마도 청중들이 자신을 못 보도록 당사자들이 가려주었으면 해서 서 있게 한 것이리라. 판사를 보려면 발꿈치를 들어 올리거나 고개를 내밀어야만 볼 수 있었다.

재판이 시작할 때 예기치 못한 돌발사건이 일어났다. 안나가 아이를 보자 소리를 지르면서 앞으로 나섰다. 아이는 안나에게 가려고 하고 유모의 팔에서 세게 버둥거리다가 울부짖기 시작했다. 판사는 아이를 홀 밖으로 내보내도록 했다.

그러자 칭리 부인이 소리쳤다.

그녀는 앞으로 나서더니, 가끔 손수건을 눈가에 갖다 대면서 설명했다. 황제군이 약탈할 때 어떻게 자신의 아이를 빼앗겼는지, 그리고 그날 밤 하녀가 숙부 댁으로 와서 아이가 아직 집 안에 있다고 보고했는데, 아마 팁을 기대했었나보다고. 그런데 숙부의 요리사를 피혁 공장으로 보냈지만, 아이를 찾지 못했다고, 자신이 추측하건대, 이 여자가 (그녀는 안나를 가리켰다) 아이를 데려가서 돈을 받아내려고 협박하려 한 것 같다고 했다. 그전에 자신들이 아이를 데려오지 않았다면, 조만간에 그런 요구를 가져왔을지도 모른다고.

돌링어 판사는 칭리 씨의 두 증인을 불러서 물었다. 그들이 당시에 칭리 씨에 관해 물었는지 또 칭리 부인이 그들에게 무슨 말을 했는지를.

그들은 칭리 부인에게 남편이 맞아 죽었다는 것을 알렸고, 아이는 하녀에게 맡겼으며 거기서 잘 있다고 진술했다. 그들은 부인에 대해 아주 불친절하게 말했다. 당연한 일인 것이, 칭리 부인이 재판에서 지게 되면 재산이 자신들에게 돌아오기 때문이었다.

그들이 진술한 후에 판사는 다시 칭리 부인을 향해, 그녀가 습격당할 당시에 정신이 나가서 아이를 버리고 간 것이 아니냐고 물었다.

칭리 부인은 창백한 파란 눈으로 놀란 듯이 판사를 바라보고는 마음이 상해서, 자신은 아이를 버리지 않았다고 했다.

돌렁어 판사는 뭐라고 웅얼거리더니, 어느 어머니도 자식을 버릴 수 없다고 믿느냐고 그녀에게 관심 있게 물었다.

네, 믿어요, 라고 그녀는 확실히 말했다.

판사는 계속 물었다. 그렇다면 그런 일을 한 어머니는 몇 겹의 치마를 입었든지 상관없이 엉덩이를 맞아야 한다고 생각하느냐고.

칭리 부인은 아무런 대답도 못 했다. 판사는 전 하녀 안나를 불렀다. 안나는 재빨리 앞으로 나서서 작은 목소리로 자신이 이미 심문에서 말했던 것을 반복했다. 하지만 동시에 귀를 기울이는 듯이 말했고, 때때로 큰 문 쪽으로 시선을 돌렸다. 그 문 뒤로 데리고 나간 아이가 아직도 울고 있는지 걱정하는 것 같았다.

안나는 진술했다, 자신은 그날 밤 칭리 부인의 아저씨 집으로 가긴 했으나, 제혁공장으로 돌아가지 않았다고 했다, 황제군에 대한 공포 때문에, 그리고 선량한 이웃 사람들 집에 맡긴 자신의 사생아가 걱정되었기 때문이라고 했다.

돌링어 노인은 거칠게 그녀의 말을 중단시키고 가로채며, 적어도 한 사람쯤은 시내에서 그런 공포 같은 것을 느낀 사람이 있었고, 그것을 확인할 수 있어서 기쁘다고 말했다. 그는 그 사실이 적어도 그 당시에 한 인물이 약간의 이성을 가졌다는 사실을 증명하기 때문이라고 했다. 물론 증인이 자신의 아이 걱정만 했다는 것이 좋은 일은 아니었지만, 다른 한편으로 보면, 속담에도 피는 물보다 진하다는 말이 있다. 그리고 진짜 어머니란 무엇인가, 그 어머니는 자식을 위해 도둑질도 하러 가지만, 그건 법으로 엄격히 금지하고 있다. 소유권은 소유권이니까. 그리고 훔친 자가 거짓말도 한다면, 거짓말도 역시 법으로 금하는 것이라고. 그리고 판사는, 얼굴에 멍이 들 때까지 법정을 속이는 인간의 교활함에 대해서 현명하고도 저속하게 훈계를 했다. 그리고 옆길로 빠져서는 무고한 암소의 우유에 물 탄 농부들과 농부들로부터 너무 많은 시장세를 받는 도시의 시장 등, 도대체

재판과는 상관도 없는 이야기를 거쳐 간 후에, 증인 진술이 끝났고 성과가 없었다고 공표하였다.

그리고 그는 오랜 휴식 시간을 갖고 주위를 둘러보며 마치 어느 쪽에서든지 어떤 결론을 내렸으면 좋은지 제안이 나오기를 기대하는 듯 난감한 기색을 보였다.

사람들은 당황해서 서로 쳐다보고 몇몇은 고개를 내밀어 어쩔 줄 모르는 판사를 보려고 했다. 하지만 홀 안은 아주 조용했고 오직 거리에서만 군중들 소리가 들렸다.

그러자 판사는 다시 한숨을 쉬며 말했다.

"누가 진짜 어머니인지 확인되지 않았소. 아이가 참 안되었소. 아버지들이 흔히 몸을 숨기고 아버지임을 부정하려 한다고는 이미 들었소, 나쁜 놈들, 하지만 여기서는 두 어머니가 신고했소. 법정은 그들 각자에게 주어진 오 분 동안 진술을 들었소. 그리고 법정은 두 사람이 명백히 거짓말을 하고 있다는 확신에 이르렀소. 하지만 앞서도 말한 바와 같이, 이제 어머니가 있어야 하는 아이를 생각해야 하오. 그러니 단순한 수다만 들을 것이 아니라 누가 진짜 아이의 어머니인지 판단을 해야 합니다."

그리고 화난 목소리로 재판소 형리를 부르더니 분필을 하나 가져오라고 명령했다.

형리는 가서 분필 한 개를 가져왔다.

"그 분필로 저 마룻바닥에 세 사람이 설 수 있게 원 하나를 그려 봐"라고 판사가 지시했다.

재판소 형리는 무릎을 굽히고 분필로 원하는 크기의 원을 그렸다.

아이를 데리고 들어왔다. 아이는 다시 울기 시작하고 안나에게 가려고 했다. 돌링어 노인은 그 소란에 신경 쓰지 않고 좀 더 큰 소리로 연설했다.

"지금 실시하려는 이 실험은" 그는 큰 소리로 알렸다, "내가 옛날 책에서 찾은 것인데 정말 좋은 방법이라고 여겨지오. 이 분필 원 실험의 단순한 기본 생각은, 진짜 어머니의 자식 사랑을 확인한다는 것이오. 그러므로 이 사랑의 강도를 시험해 보아야겠소. 형리는 아이를 분필 원 안에 세우게!"

형리는 우는 아이를 유모의 손에서 떼어 내어 원 안으로 데려갔다. 재판관은 칭리 부인과 안나를 향해서 계속 말했다.

"당신들도 분필원 안으로 들어가 서시오, 각자 아이의 한 손을 잡고서, 내가 '당겨'라고 말하면 아이를 원 밖으로 끌어내시오. 당신들 중 더 큰 사랑을 가진 자가 더 큰 힘으로 끌어내서 당신 편으로 데리고 갈 것이오."

홀 안이 웅성거렸다. 관중들은 발돋움하고 서서 앞에 서 있는 사람들과 다투었다.

그러나 두 여인이 원 안으로 들어서서 각각 아이의 한쪽 팔을 잡자, 홀 안은 다시 쥐 죽은 듯이 조용해졌다. 아이도 조용해졌다, 마치 무슨 중요한 일이 벌어질지 예감이라도 한 듯이. 아이는 눈물이 뒤범벅된 작은 얼굴로 안나를 올려다보고 있었다. 그러자 재판관이 명령했다, "당겨".

그러자 칭리 부인은 단 한 번의 격한 몸짓으로 아이를 분필원 밖으로 당겼다. 안나는 당황하고 믿을 수 없다는 듯이 아이를 바라보았다. 아이의 작은 두 팔을 양쪽에서 동시에 잡아당기면 아이가 다칠까봐 두려워서 안나는 즉시 아이 손을 놓았던 것이다.

돌링어 노인이 일어섰다.

"자 이걸로 우리는 누가 진짜 어머니인지 알겠소." 그는 큰 소리로 말했다, "저 칠칠치 못한 여자에게서 아이를 떼 놓아요. 냉정한 저 여자는 아이를 두 동강 낼 것이요." 그리고 안나에게 고개를 끄덕이고는 재빨리 홀을 걸어 나가 아침을 먹으러 갔다.

그 다음 여러 주 동안 주변의 멍청하지 않은 농부들은, 재판관이 메링에서 온 여인에게 아이를 넘겨줄 때 두 눈을 찡긋했다고 이야기하였다.

유대인 창녀 마리 잔더스에 관한 발라드[6]

1.

뉘른베르크에서 어떤 법[7]이 만들어졌는데

그 법 때문에 많은 여자가 울었다.

그 여자들은 잘못된 남자와 잠자리에 들었던 거다.

변두리 고기 값은 올라가고

북치는 소리는 강하다

하늘에 계신 신이여, 그들이 뭔가 계획한다면

오늘 밤이 될 겁니다.

---

6 이 발라드는 1935년 브레히트가 덴마크의 망명하던 때에 썼고 1937년에 발표
하였다.

7 뉘른베르크 법. 독일 나치당 집회(1935.9.15.)에서 승인한 법안. 제국시민법은
유대인의 독일시민권을 박탈하고 독일 혈통 및 명예보존법은 유대인과 독일시민
또는 독일계 혈통간의 결혼과 성관계를 금지했다.

2.

마리 잔더스, 당신 애인은

머리 색깔이 너무 검다고.

어젯밤엔 그에게 갔었지만

오늘은 안 가는 게 좋을 거야.

변두리 고기 값은 올라가고

북치는 소리는 강하다

하늘에 계신 신이여, 그들이 뭔가 계획한다면

오늘 밤이 될 겁니다.

3.

어머니, 열쇠를 주세요,

나쁜 일은 없을 거예요.

달의 모습은 언제나 그대로인데요.

변두리 고기 값은 올라가고

북치는 소리는 강하다

하늘에 계신 신이여, 그들이 뭔가 계획한다면

오늘 밤이 될 겁니다.

4.

어느 날 아침, 아침 아홉 시쯤

그 여자는 차를 타고 시내를 통과했다

속옷 바람으로, 목에는 팻말을 걸고, 머리는 깎인 채.

골목에서 사람들이 소리 질렀다. 그녀는

차갑게 바라보았다.

변두리 고기 값은 올라가고

방랑자는 오늘 밤 말한다.

위대하신 신이여, 만일 저들에게 귀가 한 개만 있었어도

사람들이 저들에게 무슨 짓을 하는지 알 텐데요.

두 아들[8]

1945년 1월 히틀러 전쟁이 끝나갈 때 튀링겐 지방의 한 농부의 아내가 꿈을 꾸었는데, 아들이 들판에서 자신을 부르는 것이었다. 그녀는 잠에 취해 앞마당으로 나가면서 아들이 펌프 옆에서 물을 마시고 있다고 생각했다. 그에게 말을 걸어보니 농장에서 강제노역을 하고 있던 젊은 러시아군 전쟁 포로였다. 그날 이후 며칠 동안 그녀는 특별한 체험을 하였다. 그녀는 그 포로에게 자신의 음식을 숲속 나무 그루터기 속에 파놓은 구멍에 날라다 주었다. 그 자리를 떠나며 그녀는 어깨 너머로 젊은 전쟁 포로를 뒤돌아보았다. 그는 병이 들었고 누군가 그에게 갖다 준 수프가 든 양철 그릇에 얼굴을 돌리는데, 그 얼굴이 실망스

---

8 이 이야기는 1946년 브레히트가 미국에 망명하던 중에 썼고, 1949년에 《달력 이야기》에 포함시켰다.

러웠지만 갑자기 자신의 아들의 얼굴로 변하는 것을 보았다. 이 젊은이의 얼굴이 빠르게 자기 아들의 얼굴로 변하다가 사라지곤 하는 장면들이 그 후 여러 날 자주 그녀에게 떠올랐다. 그러다가 전쟁 포로는 병이 들었고 보살핌도 없이 헛간에 누워 있었다. 농부의 아내는 그에게 무언가 힘나는 것을 갖다 주고자 하는 욕구가 커져갔다. 그러나 농장을 경영하는 상이군인 오빠 때문에 그럴 수가 없었다. 오빠는 전쟁 포로들을 거칠게 다루었고 특히 엎치락뒤치락이 시작되는 이 시점에 더욱 그랬다. 그녀 자신은 오빠의 주장을 받아들일 수 없었다. 그녀는 이런 열등한 인간들, 그들에 대한 끔찍한 이야기를 들었는데 그들을 도와주는 것이 옳다고 여기지는 않았다. 그녀는 동쪽에 있는 자기 아들에게 적들이 무슨 짓을 할지 두려움 속에서 살았다. 그래서 여자는 버려져 있는 이 포로를 도와주려는 계획을 아직 실행하지 못 했는데, 어느 날 저녁에 눈 쌓인 과수원 정원에서 한 무리의 포로들이 모여서 이야기하고 있는 것을 보고 놀랐다. 그들은 아마도 은밀히 진행하려고 추위에도 불구하고 모인 것 같았다. 그 젊은 사람도 거기에 서 있었다, 아마도 특히 허약한 상태 때문이었는지 그녀를 보고 심히 놀랐다. 놀라는 가운데 그의 얼굴이 다시 자신의 아들의 얼굴로 변하는 것처럼 보였다. 아주 놀라운 일이었다. 그 일은 그녀 마음에 깊이 새겨져서, 과수원에서의 그들의 모임에 대해 오빠에게 보고하는 것이 의무임에도, 그 젊은이에게 햄 조각을 더 가져다 찔러 넣어주어야겠다고 결심했다. 이런 일은 제삼공화국에서의 많은 선행처럼 극히 어렵고 위험한 일이라는 것이 밝혀졌다. 이런 일을 하면 여자는 친오빠를 적으로 만드는 것이며, 자신도 전쟁 포로들에게서 안전할 수 없었다. 그럼에도 여자는 성공했다. 물론 그사이에 포로들이 정말 탈출 계획을 하는 것을 알게 되었다. 그들은 다가오는 붉은 군대에게 쫓겨서 서방으로 이끌려가거나 아니면 그냥 처형될지도 모르는 위험이 매일 커져갔기 때문이었다. 젊은 포로가 몸짓과 손짓으로 그리고 몇 마디 안 되는 토막 난 독일어로 말하는 희망사항을 여자는 거절할 수 없었다. 그들의 특별한 경험이 그들을 묶고 있었기 때문에, 여자는 포로들의 도주 계획에 말려들게 되었다. 여자는 상의 한 벌과 양철 절단용 가위 하나를 마련해 주었다. 그때부터 이상하게도 얼굴 변신은 일어나지 않았다. 이제 농부의 아내는 전적으로 젊은 외국인을 도왔다. 그래서 그녀는 2월 하순 어느 날 아침 창문 두드리는 소리를 듣고 창유리를 통해 어스름 속에서 자기 아들의 얼굴을 보았을 때 충격을 받았다. 이번에는 자신의 아들이었다. 그는 다 찢어진 나치 군대의 군복을 입고 있었는데, 그의 분대가 섬멸당한 것이었다. 그는 흥분해서 보고하기를 러시아 군대가 마을에서 몇 킬로 떨어지지 않은 곳에 주둔하고 있다고 했다. 자기가 집에 온 것을 절대 비밀로 해야 한다고 했다. 농부의 아내와 오빠 그리고 그녀의 아들이 지붕 밑 방 한구석에 모여서 열었던 일종의 전시 회의에서 그들은 먼저 전쟁 포로들을 처리하기로 결정했다. 그들이 나치스 친위대원을 보았을 가능성도 있고, 어쨌든 포로들을 어떻게 다루었는지에 대한 진술을 해야 할 것이 예상되기 때문이었다. 부근에 채석장이 있었다. 친위대원은 자기가 그날 밤에 포로들을 하나씩 유인해서 헛간에서 끌어내어 처치하겠다고 주장했다. 그리고 시신은 채석장에서 처리하면 된다고 했다. 그는 밤에 포로들에게 브랜디를 지급할 때, 너무 눈에 띄게 하지는 말라고 말했다. 오빠는 최근에 고용인들과 함께 러시아 인들이 오면 친절하게 대해서 마지막 순간에 유리한 분위기를 만들자고 약속했기 때문이었다. 젊은 친위대원은 계획을 말하자 갑자기 자기 어머니가 떠는 것을 보았다. 남자들이 결정하여 여자는 절대로 창고 근처에 가지 못하도록 했다. 그렇게 그녀는 겁을 먹은 채 밤을 기다렸다. 러시아 포로들은 겉으로는 감사하며 브랜디를 받았고, 농부의 아내는 그들이 애수에 찬 노래를 부르는 것을 들었다. 그러나 아들이 11 시경 창고에 갔을 때 포로들은 모두 달아난 뒤였다. 그들은 술 취한 척한 것이다. 농장 주인의 전에 없던 부자연스러운 친절함에 그들은 붉은 군대가 틀림없이 아주 가까이 와 있다는 것을 확신한 것이다. 그날 밤 늦은 시각에 러시아 인들이 왔다. 아들은 술에 취해 지붕 밑 방에 누워 있었고 그동안에 농부의 아내는 공포에 싸여 아들의 친위대 군복을 불태우려고 했다. 오빠도 술에 취해 있었다. 그녀는 직접 러시아 군대를 맞아야 했고 식사도 제공해야 했다. 그녀는 그 일을 돌처럼 굳은 표정으로 했다. 러시아 인들은 아침에 떠났고, 붉은 군대는 전진을 계속했다. 아들은 밤새도록 브랜디를 요구하다가, 퇴각하는 독일 군대를 따라가서 계속 싸우겠다고 굳은 의지를 밝혔다. 계속 싸우는 것이 이제는 확실한 몰락을 의미한다는 것을 농부의 아내는 굳이 설명하려 하지 않았다. 그녀는 절망적으로 아들의 길을 막아서서 몸으로 그를 붙들려고 했다. 아들은 어머니를 짚단 위로 밀어 제쳤다. 어머니는 다시 일어나면서 손에 수레 채 막대기가 잡히는 것을 느끼고, 팔을 높이 쳐들어 광분하는 아들을 내리쳤다.

같은 날 오전에 농부 아내는 사다리 마차를 몰고 러시아 군 사령부에서 가까운 장터를 지나가서 황소 묶는 밧줄에 묶인 자기 아들을 인도하며 전쟁 포로라고 했다. 그녀는 아들이 목숨을 부지할 수 있도록 그렇게 했노라고 통역에게 분명히 설명하려 했다.

불타고 있는 집에 대한 붓다의 비유 [9]

고다마, 붓다는

우리가 얽혀 있는 욕망의 수레바퀴에 대해 가르치며

권하기를, 모든 욕망을 떨쳐버리고

바라는 것 없이 무의 세계로 들어가라고 했다. 열반이라고 부르

는 곳으로.

그러자 어느 날 제자들이 질문했다.

스승님, 이 무의 세계는 어떤지요? 저희는 모두

모든 욕망을 떨쳐버리고 싶습니다, 스승님이 권하시는 대로요,

하지만

저희가 그 다음에 들어갈 무의 세계란 것이

모든 창조물과 합일하는 것과 같은 것인지요

---

9   이 시는 브레히트가 덴마크의 스벤보르에서 망명할 때 시 선집을 위하여 1937
년에 쓴 것으로, 1939년에 처음《스벤보르의 시집》으로 출간되었다.

사람이 물속에 누워서, 가벼워진 몸으로, 정오에

거의 생각 없이, 나른하게 물속에 누워있거나 잠에 빠져서

사람이 이불을 덮어주면 빠르게 가라앉는다는 걸

아직 모르면서 누워있는 것 같습니까, 아니면 이 무의 세계라는 것이

즐거운 것이고, 좋은 무의 세계입니까, 아니면

말씀하신 무의 세계가 단순한 무의 세계, 차갑고 텅 비어 있고

의미 없는 것인지요.

붓다는 오랫동안 침묵하다가, 담담하게 말했다.

자네들의 질문에는 답할 말이 없네.

그러나 그날 밤 그들이 가버리자

붓다는 아직 과일나무 아래 앉아서 다른 제자들에게,

질문하지 않았던 그들에게 다음과 같은 비유를 말했다.

최근에 나는 집 한 채를 보았네. 그 집은 불타고 있었지. 지붕에서

불길이 일렁이고 있었어. 나는 그리로 가서 집 안에

아직 사람들이 있다는 것을 알았네. 나는 문으로 들어가 그들에게 소리쳤지,

지붕에 불이 났으니 빨리 집 밖으로 나가라고 재촉했어. 그러나 사람들은

급해 보이지 않았네. 한 사람이 내게 물었지

그의 눈썹이 벌써 뜨거운 열기에 그을리고 있는데도,

밖은 어떠냐고, 비가 오지 않느냐고,

바람이 불지 않느냐고, 다른 집도 있느냐고

그런 식으로 몇 가지 질문을 더 했지. 나는 대답하지 않고

다시 밖으로 나왔어. 난 생각했네, 이런 사람들은,

질문을 그치기 전에 불타버려야 한다고.

정말일세, 친구들

방바닥이 아직 그렇게 뜨겁지 않아서 다른 모든 사람과 자리를
바꾸더라도

그 자리에만 머물겠다는 사람한테는 할 말이 없다네. 그렇게 고
다마 붓다는 말했다.

그러나 우리도 역시 그렇게 생각한다. 우리는 더 이상 참는 기
술에 몰두하지 않고

참지 않는 기술에 몰두하여 여러 종류의 지상 예술로

제안들을 제시하며 인간을 괴롭히는 자들을 떨쳐버릴 것을 인
간들에게 가르치는데, 그들은, 다가오는 자본의 폭격기 편대에

직면하여, 우리가 이것을 어찌 생각하는지, 저것을 어떻게 상상

하는지, 아직도 너무 오랫동안 질문만 하고 있고

그리고 변혁이 일어난 후에 자신들의 저축통장과 일요일의 예

복이 어찌 될까 묻는다.

우리는 그런 자들에게는 할 말이 많지 않을 것으로 생각한다.

실험[10]

위대한 프랜시스 베이컨[11]의 공식적인 경력은 "불의는 보상받지 못 한다"라는 기만적인 격언에 대한 값싼 우화처럼 끝났다. 제국 최고의 법관이었던 그는 뇌물죄로 구금되어 감옥에 들어갔다. 그가 대법관으로 있던 시기는 많은 처형과 해로운 독점기업들의 사면, 불법적인 체포 명령과 강요에 따른 사형 선고의 실행 등 영국 역사에서 가장 어둡고 수치스러운 시기에 속한다.

10 브레히트는 이 단편소설을 1939년 덴마크에서 망명할 때, 극작품 《갈릴레이의 생애》 작업을 위한 연구와 관련지어 썼다. 이 소설의 처음 제목은 "외양간 소년"이었다가 후에 〈실험〉으로 변경했다. 브레히트가 과학적 방법을 강조하기 위해서였다. 이 이야기는 1949년 처음으로 《달력이야기》에 포함되어 발간되었다.

11 Francis Bacon(1561~1626): 16~17세기 영국의 정치인. 연설가이자 제임스 1세의 대법관으로도 잘 알려져 있으며, 사상에 기초한 지식을 바탕으로 자연을 정당하게 지배할 수 있는 새로운 방법을 제시한 것으로 유명하다. 지식을 얻기 위해서는 추상적인 추론이 아닌 실질적인 관찰이 있어야 한다고 주장했으며, 학문을 분류하고 지식을 체계화하고자 했다.

그의 가면이 벗겨지고 고백이 있고 난 뒤에 인문주의자이자 철학자로서의 세계적 명성으로 인하여 그의 위법행위는 제국의 국경을 넘어 널리 알려지게 되었다.

그가 감옥에서 방면되어 자신의 농장으로 돌아갈 수 있었을 때, 그는 노인이었다. 그의 신체는 다른 사람들을 쓰러뜨리기 위해서 애썼던 노력 때문에, 또 다른 사람들이 그를 쓰러뜨리기 위해서 가했던 고통 때문에 쇠약해져 있었다. 그러나 그는 집에 도착하자마자, 자연과학 연구에 집중적으로 달려들었다. 그는 높은 곳에서 사람들을 다스리는 일에는 실패했다. 이제 그는 자신에게 남은 힘을 연구 조사에 바쳤다. 인간이 어떻게 자연의 힘을 가장 잘 다스릴 수 있을까를 연구했다.

유용한 일에 몰두하는 연구는, 그를 서재로부터 끌어내어 항상 들판으로, 정원으로, 외양간으로 이끌었다. 그는 몇 시간이고 정원사들과 이야기하며 어떻게 과일나무를 개량할 수 있나에 대해 말하거나, 아니면 하녀들에게 한 마리의 암소에서 나오는 우유를 어떻게 측정할 수 있는지를 알려주었다. 그때 외양간에서 한 소년이 눈에 띄었다. 귀한 말 한 마리가 병이 들었는데, 소년은 하루에 두 번 철학자에게 보고를 하였다. 그의 열성과 관찰 능력이 이 노인을 사로잡았다.

그러나 어느 날 저녁 그가 외양간에 갔을 때 한 노파가 소년

옆에 서서 말하는 것을 들었다. "나쁜 사람이니까, 주의해라. 그런데 아직은 높은 나리이고 돈도 건초더미만큼 많아, 그래도 나빠. 너의 고용주니까 네가 맡은 일은 정확히 해, 하지만 그가 나쁘다는 건 알고 있어."

철학자는 빨리 몸을 돌려 집으로 돌아와서 소년의 대답은 듣지 못했지만, 다음날 그를 대하는 소년의 태도는 변함이 없었다.

말이 다시 건강해졌을 때, 그는 자신이 다니는 길을 소년과 동행하였고 작은 임무를 맡겼다. 그는 차츰 소년과 함께 몇 가지 실험에 관해서 이야기하는 것에 익숙해졌다. 그럴 때 평범한 성인들이 어린이들을 이해시키는 그런 단어들을 사용하지 않고, 교양 있는 사람들에게 하듯 말했다. 그는 평생 위대한 정신을 가진 사람들과 교류하였지만 이해되는 일은 드물었다. 그것은 그가 너무 불명확했기 때문이 아니라, 너무 명확했기 때문이었다. 그렇게 그는 소년이 애쓰는 것에 신경 쓰지 않았지만, 소년이 자기 나름대로 낯선 단어들을 사용해보려고 할 때 참을성 있게 그 말을 수정해 주었다.

소년을 위한 주요 실험은, 그가 본 사물들과 경험하는 과정을 묘사하는 데 있었다. 철학자가 그에게 보여준 것은, 얼마나 많은 낱말이 있고, 어떤 사물의 상황을 묘사하기 위해 필요한 낱말은 얼마나 되는가, 묘사하는 중간에 사물에 대해 깨달을 수 있으며, 또 무엇보다 묘사한 후에 사물을 다룰 수 있다는 것이었다. 어떤 낱말은 사용하지 않는 편이 좋은 것도 있다고 했다. 그런 말은 근본적으로 말해 주는 것이 아무것도 없기 때문이다. 예를 들어, "좋다." "나쁘다." "예쁘다" 등등.

소년은 금세 알아차렸다, 풍뎅이 한 마리를 보고 "추하다"라고 말하는 것은 의미가 없다는 것을. "빠르다"라는 말조차 충분하지 않았다. 그것이 얼마나 빨리 움직이는지, 같은 크기의 다른 생물들과 비교하여 가능한 것을 보고해야 했다. 풍뎅이를 경사진 평면 위에 놓고 그것이 도망가도록 소리를 낸다든가, 아니면 노획물 같은 것을 그 앞에 놓고 그것을 향해 움직일 수 있도록 해야 했다. 충분히 오랜 시간 풍뎅이에 집중하다 보면 그 추함은 "빨리" 사라졌다. 한번은 소년이 철학자를 만났을 때 손에 들고 있던 빵 한 덩이를 묘사해야 했다.

"이때는 안심하고 '좋다'는 말을 사용할 수 있다."라고 노인은 말했다, "빵이란 인간이 먹기 위해 만들었으니 그 빵이 인간에게 좋을 수도 나쁠 수도 있기 때문이다. 다만 자연이 창조한 사물에, 특정한 목적을 위해 간단히 만들어진 것이 아닌 것, 특히 인간이 사용하기 위해 만든 것이 아닌 것에 그런 낱말들을 쓰는 것은 어리석다."

소년은 할머니가 대법관님에 대해 말씀한 문장들을 생각했다.

소년은 이해하는 데 빠른 진전을 보였다, 이해해야 할 모든 것은 항상 사용할 수 있는 것이기 때문이었다. 그래서 어떤 약재를 사용하면 말이 건강해진다거나 어떤 나무는 사용된 비료에 의해 고사하기도 한다는 사실도 알았다. 사람이 변화를 관찰하면서 정말 그가 사용하는 방법에 문제가 있지 않을까 하고 이성적으로 의심을 해야 한다는 것도 이해하였다. 소년은 위대한 베이컨의 사고방식의 학문적 의미를 깨닫기 전에, 이런 모든 실험이 명백하고 유용한 것임에 열광하였다.

소년은 철학자를 그렇게 이해하였다. 즉 세상에 새 시대가 열렸다고. 인류의 지식은 거의 매일 늘어났다. 그리고 모든 지식은 복지와 지상 행복의 증가로 여겨졌다. 지도층은 학문을 소유하고 있었다. 학문은 천지 만물을, 지상에 있는 모든 것을, 식물, 동물, 땅, 물, 공기를 철저히 조사하여 거기서 유익한 것을 많이 끌어낼 수 있게 하였다. 무엇을 믿는가가 중요한 것이 아니라 무엇을 아는가가 중요하였다. 사람들은 너무 많은 것을 믿었고 알고 있는 것은 너무 적었다. 그래서 모든 것을 시험해 보아야 했다, 직접, 두 손으로, 그리고 자신의 눈으로 보고 무엇이든 유익함을 얻을 수 있었던 것에 관해서만 말해야 했다.

그것은 새로운 학설이었고, 점점 더 많은 사람이 그것에 관심을 두고 새로운 활동을 계획하는 데 열광하였다.

그때 많은 책이 큰 역할을 하였다. 비록 좋지 않은 책이 많았지만. 소년은 자신이 새로 활동을 계획하는 사람들 사이에 들어가려면 책을 파고들어야 한다는 것을 분명히 알았다.

물론 그는 아직 저택의 서재까지 들어갈 처지는 못 되었다. 주인 나리를 외양간 앞에서 기다려야 했다. 그 노인이 여러 날 나올 수 없었을 때 기껏해야 한 번쯤 정원에서 만날 수 있었다. 그러나 매일 밤 오랫동안 등불이 켜져 있는 연구실에 대한 호기심은 점점 더 커졌다. 그 방 건너편의 울타리 한쪽에서는 방 안의 서가들을 들여다볼 수 있었다.

그는 읽기를 배우기로 했다.

그것은 물론 쉬운 일이 아니었다. 그는 자신의 소원을 품고 보좌신부를 찾아갔는데, 신부는 아침 밥상 위의 거미를 보는 듯 그를 관찰했다.

"너는 암소들한테 주님의 복음을 읽어줄 작정이냐?" 신부는 기분 나쁘게 질문했다. 소년은 따귀 맞지 않고 그 자리를 떠난 것을 다행스럽게 생각했다.

그래서 그는 다른 길을 선택해야 했다.

마을 교회의 성물납실에는 미사 경본이 한 권 있었다. 종을 매단 줄을 당기는 일을 하겠다고 자원하면 그 방 안에 들어갈 수 있었다. 신부가 미사에서 어느 곳을 노래 부르는지 경험으로 알 수 있다면, 단어와 철자 사이의 관계를 틀림없이 발견할 수 있을 것이었다. 어쨌거나 소년은 미사에서 신부가 노래 부르는 라틴어 단어들을 외우기 시작했고, 적어도 몇 개는 외웠다. 물론 그 신부는 단어를 몹시 불분명하게 발음했고, 너무 자주 읽는 것을 빼먹기도 했다.

어쨌든 소년은 어느 정도 시간이 지난 후에 신부가 노래하는 시작 부분을 따라 부를 수 있게 되었다. 소년은 창고 뒤에서 그것을 연습하다가 외양간 책임자에게 들켜 채찍질을 당했다. 그는 소년이 신부를 흉내 내며 조롱한다고 생각했다. 그리고 따귀도 몇 대 더 이어졌다.

소년은 미사 경본에서 신부가 노래 부른 단어들이 어디 있는지 아직 확인하지 못했다. 그때 대단히 큰 재앙이 발생해서, 소년이 읽기를 배우려는 노력은 종지부를 찍게 되었다. 영감마님께서 중병에 걸리신 거였다.

영감마님은 가을 내내 병들어 있다가, 겨울에도 회복하지 못했는데, 그럴 때도 그는 덮개 없는 썰매를 타고 몇 마일 떨어진 이웃 농장에 갔다. 소년이 동행하였다. 그는 마부 석 옆에, 썰매의 활목 뒤에 서 있었다.

방문을 마치고 노인은 터벅터벅 걸어서, 집주인의 부축을 받으며 썰매로 돌아갔다, 그때 길가에 참새 한 마리가 얼어 죽어 있는 것을 보았다. 노인은 멈춰 서서 지팡이로 참새를 뒤집어 보았다.

"이것이 얼마나 여기에 있었을 것 같소?" 소년은 따뜻한 물병을 들고 뒤를 따라 느리게 걷다가 노인이 집주인에게 질문하는 것을 들었다.

대답인즉슨, "한 시간 전일 수도 있고 일주일 아니면 더 오래되었을 수도 있지요."

이 작은 노인은 생각에 잠겨 계속 걷다가 작별 인사를 할 때는 아주 딴 생각을 하는 듯했다.

"그 참새 살이 아직 아주 싱싱했어, 딕" 노인은 썰매가 미끄러지기 시작할 때 소년에게 몸을 돌리고 말했다.

그들은 가는 길의 한 구간을 아주 빨리 달렸다, 저녁 어둠이 벌써 설원 위에 내리깔리며 추위가 급격히 심해졌기 때문이었다. 그러면서 마차가 농장 문으로 돌아 들어가다가 닭장을 빠져나온듯한 암탉 한 마리를 치게 되었다. 노인은 뻣뻣하게 날아가는 닭을 피해 가려고 마부가 애쓰는 것을 보다가, 피하지 못하자, 썰매를 멈추게 하였다.

노인은 담요와 털가죽에서 나와 썰매에서 내린 다음 소년의 부축을 받으며, 마부가 춥다고 경고하는데도 불구하고, 암탉이 누워있는 곳으로 되돌아 걸어갔다.

닭은 이미 죽어 있었다.

노인은 소년에게 그것을 집어 들라 하였다.

"내장을 꺼내라." 그는 명령했다.

"주방에 가서 할 수 있지 않을까요?" 하고 마부는 찬바람에 쓰러질 듯 서 있는 주인을 보며 물었다.

"아니야, 여기가 더 나아." 노인이 말했다, "딕은 칼을 가지고 있지, 눈이 필요해."

소년은 명령받은 대로 행했고, 노인은 자신의 병과 추위도 잊은 듯이 자신도 몸을 숙여 애를 쓰며 한 줌의 눈을 들어 올렸다. 그리고 그 눈을 조심스럽게 닭의 배 속에 채워 넣었다.

소년은 이해했다. 그 역시 눈을 집어 스승에게 주면서 닭이 완전히 눈으로 채워지도록 하였다.

"이러면 일주일이라도 싱싱하게 유지될 것이 틀림없어." 노인은 활기 있게 말했다, "그걸 지하실에 있는 차가운 돌판 위에 놓아두어라!"

노인은 문으로 가는 짧은 길을 걸어서 돌아갔는데, 약간 지친 듯 무거운 몸을 소년에게 의지하였다. 소년은 눈으로 채운 암탉을 팔에 끼고 갔다.

노인은 현관에 들어섰을 때 심한 오한으로 온몸을 떨었다.

다음 날 아침 노인은 고열로 드러누웠다.

소년은 걱정이 되어 주변을 어슬렁거리며 스승의 안부에 대해 여기저기 기웃거렸다. 그가 들은 것은 별로 없고, 대농장의 생활은 지장 없이 계속되었다. 사흘 째 되던 날 비로소 변화가 있었다. 그가 서재로 불려간 것이다.

노인은 좁은 나무 침상 위에 여러 겹 담요를 덮고 누워있었으나, 창문들이 열려 있어서 공기가 매우 차가웠다. 그래도 환자의 얼굴은 붉게 빛나는 듯 보였다. 노인은 쇠약한 목소리로 눈으로 속을 채운 암탉의 상태가 어떤지 물었다.

소년은 그것이 변하지 않고 싱싱해 보인다고 보고했다.

"좋아." 노인은 만족한 듯 말했다. "이틀 후에 나한테 다시 보고해 다오!"

그곳을 떠날 때 소년은 암탉을 가져오지 않은 것을 유감스러워했다. 노인은 하인들이 주장하는 것보다 덜 아픈 듯 보였다.

소년은 하루에 두 번 신선한 눈으로 갈아 채웠고, 그가 다시 환자의 방으로 가려고 길을 나섰을 때, 암탉은 조금도 상하지 않았다.

소년은 전에 없던 장해물을 만났다.

수도에서부터 많은 의사가 왔다. 복도는 속삭이며, 명령하는 목소리, 또 하인들의 목소리들로 윙윙거렸고, 여기저기 낯선 얼굴들이 보였다. 하인 하나가 커다란 보자기를 덮은 쟁반을 들고 환자의 방으로 들어가려다가, 소년을 보고 무뚝뚝하게 쫓아냈다.

오전 오후 내내 여러 번 소년은 환자의 방으로 들어가려고 시도했으나 헛수고였다. 외부에서 온 의사들은 성안에 머물려는 모양이었다. 그들은 거대한 검은 새처럼 보였고, 무방비 상태로 누워있는 병든 노인을 덮치려는 것 같았다. 저녁 무렵에 소년은 복도에 있는 몹시 추운 작은 골방에 숨었다. 그는 계속 추위에 떨었지만, 실험을 위해 암탉을 절대 차게 보관하는 것이 좋다고 생각했다.

저녁 식사 시간이 되어 검은 물결이 다소 빠져나가서, 소년은 환자의 방으로 몰래 들어갈 수 있었다.

환자는 혼자 누워있었고, 모든 사람이 식사 중이었다. 작은 침대 옆에는 푸른 갓을 두른 독서 등이 있었다. 노인의 이상하게 쪼그라든 얼굴은 밀랍같이 창백했다. 눈은 감고 있었으나 두 손은 불안하게, 뻣뻣한 이불 위로 움직였다. 방은 몹시 더웠는데, 모든 창문이 닫혀 있었다.

소년은 몇 걸음 침대 옆으로 다가가서, 떨면서 암탉을 앞으로 내밀며, 낮은 소리로 환자에게 여러 번 "영감마님"이라고 말했다. 아무 대답도 듣지 못했다. 환자는 자는 것 같지는 않았다. 그의 입술이 말하려는 듯 때때로 움직였기 때문이다.

소년은 실험과 관련하여 앞으로 계속될 지시의 중요성을 확신하며, 노인의 주의를 끌려고 결심했다. 그러나 그가 아직 이불을 건드리기도 전에 ― 상자 속에 든 닭은 의자 위에 놓아야 했다 ― 뒤에서 누가 세게 잡아당기는 느낌을 받았다. 회색빛 얼굴의 뚱뚱한 남자 하나가 그를 살인자 보듯 보고 있었다. 그는 침착하게 상자를 가지고 빠져나와 날쌔게 문을 나왔다.

복도에서 계단을 올라오던 하급 집사가 그를 본 것 같았다. 상황이 나빴다. 자신이 영감마님의 명령에 따라 중요한 실험을 시행하고 있다는 것을 어떻게 증명해야 할까? 그 노인이 완전히 의사들 손에 맡겨져 있다는 것이 방의 꼭 닫힌 창문들이 말해 주고 있는데.

실제로 그는 하인 하나가 마당을 지나 외양간으로 가는 것을 보았다. 그는 저녁 먹는 것을 포기하고 암탉을 지하실에 가져다 놓은 뒤에 사료 저장실에 가서 숨었다.

머리에 떠도는 연구로 인해 불안하게 잠들었다. 다음 날 아침 조심스럽게 숨은 곳에서 나왔다.

아무도 그에게 관심을 두지 않았다. 사람들이 무시무시하게 마당을 이리저리 왔다 갔다 했다. 나리마님은 아침녘에 운명했다.

소년은 온종일 머리를 한 대 맞아 마비된 듯 빙빙 돌아다녔다. 그는 스승을 잃은 것에 마음이 아플 수 있다고 느끼지 않았다. 그런데 늦은 오후에 눈 한 사발을 들고 지하실로 내려갈 때, 그런 걱정은 끝내지 못할 실험에 대한 걱정으로 변하였고, 그는 상자 위에 눈물을 쏟았다. 이 위대한 발견을 어떻게 해야 할까?

마당으로 돌아오는데 ─ 두 발이 너무 무겁게 여겨져서 돌아서서 눈 위의 자신의 발자국을 보며 평소보다 더 깊이 들어가지 않았나 하다가 ─ 런던에서 온 의사들이 아직 떠나지 않았다는 것을 확인했다. 그들의 마차가 아직도 그곳에 서 있었다.

그는 거부감이 들긴 했지만 발견한 것을 그들에게 알리려고 결심했다. 그들은 유식한 남자들이었으니 이 실험의 의미를 알 것임이 틀림없었다. 그는 눈으로 채운 닭이 든 작은 상자를 가져와 우물 뒤에 몸을 숨기고 서서, 신사 하나가, 키가 작고 너무 무섭게 생기지 않은 신사가 지나갈 때까지 있었다. 그는 앞으로 나서며 상자를 내밀었다. 처음에는 목소리가 목에 걸려 나오지 않았지만, 나중에는 토막 난 문장으로 자신의 의도를 밝힐 수 있었다.

"나리, 영감마님께서는 엿새 전에 이 닭이 죽은 것을 발견했습니다. 그것을 눈으로 채웠지요. 영감마님께서는 그것이 싱싱한 채 있을 거라고 말씀하셨습니다. 직접 보십시오! 아주 싱싱한 채로 있습니다."

키 작은 남자는 놀라서 상자 안을 들여다보았다.

"그래서 그다음은?" 그가 물었다.

"상하지 않았다는 거지요." 소년이 말했다.

"그래." 키 작은 남자가 말했다.

"직접 보십시오." 소년은 간곡히 말했다.

"보고 있어." 키 작은 남자는 말하고 고개를 흔들었다. 그는 고개를 흔들면서 계속 가버렸다.

소년은 얼이 빠져서 그를 바라보았다. 키 작은 남자를 이해할 수 없었다. 노인은 추운데도 썰매에서 내려서 실험하느라고 죽음을 초래하지 않았던가? 자신의 손으로 땅에서 눈을 집어 올렸는데. 그것은 사실이었다.

소년은 천천히 지하실 문으로 돌아갔지만 잠깐 그 앞에 섰다가 재빨리 몸을 돌려 부엌으로 달려갔다. 요리사는 대단히 바빴는데, 근처에서 온 문상객들을 위한 저녁 식사 시간이 되었기 때문이다.

"그 닭으로 뭐 하려고 그러냐?" 요리사는 짜증이 난 소리로 웅얼거렸다. "아주 얼은 거네!"

"아무렇지도 않아요." 소년이 말했다, "영감마님께서 괜찮다고 말씀하셨어요."

요리사는 잠깐 그를 정신 나간 듯 바라보더니, 커다란 프라이팬을 손에 들고 무거운 몸으로 문으로 가서 뭔가를 버리려고 하였다.

소년을 상자를 들고 열심히 그를 따라갔다.

"이걸로 음식을 해 볼 수 없을까요?" 그는 간곡히 물었다.

요리사의 인내심에 한계가 왔다. 그는 힘센 손으로 암탉을 잡더니 마당으로 휙 하고 내던졌다.

"네 머릿속엔 딴 생각은 없냐? 영감마님께서 돌아가셨다고!" 그는 미친 듯 소리쳤다.

소년은 화가 나서 바닥에서 닭을 집어 들고 그곳을 빠져나왔다.

그 다음 이틀 동안 내내 장례식으로 분주했다. 말을 마차에 매고 푸는 일을 해야 했고, 밤에 상자에 새 눈을 채워야 할 때는 거의 뜬 눈으로 잤다. 모든 것이 절망적으로 보였고, 새로운 시대는 끝난 것 같았다.

그러나 사흘째 되는 날, 장례식 날에는, 깨끗이 씻고, 제일 좋은 옷으로 갈아입으니, 기분이 바뀌는 것을 느꼈다. 아름답고 청명한 겨울 날씨에 마을에서는 종소리가 울렸다.

새로운 희망에 차 지하실로 가서 죽은 암탉을 오랫동안 꼼꼼히 관찰했다. 조금도 썩지 않았다. 조심스럽게 그 닭을 상자 속에 넣고 깨끗하고 하얀 눈을 채워서 팔에 끼고 마을로 갔다.

기분 좋게 휘파람을 불며 할머니의 천장 낮은 부엌으로 들어갔다. 할머니는 소년의 부모가 일찍 죽었기 때문에 그를 길러주었다. 그래서 그가 믿는 사람이었다. 그는 상자 속의 내용물을 보이지 않고, 장례식에 가려고 옷을 갈아입은 할머니에게 나리마님의 실험에 대해서 보고했다.

"그건 벌써 알고 있어." 할머니가 말했다. "그것들은 추위에 뻣뻣이 한동안 그대로 있지. 그게 뭐가 특별한 거냐?"

"전 그 닭을 먹을 수 있다고 생각해요." 소년은 대답하고 가능한 한 무심한 듯 보이려고 애썼다.

"일주일 전에 죽은 닭을 먹는다고? 그건 해로워!"

"왜요? 그건 죽은 후에도 하나도 변하지 않았는데요? 그리고 그것이 나리마님의 마차에 치여 죽었을 때 건강했었다고요."

"하지만 속이, 속이 썩었어!" 할머니는 약간 짜증을 내며 말했다.

"전 안 썩었다고 생각해요" 소년은 암탉을 똑바로 보면서 확고하게 말했다. "그 속에는 그동안 내내 눈이 들어 있었다고요. 전 그걸 삶을 거예요."

할머니는 화가 났다.

"넌 장례식에 가야 해." 할머니는 마지막으로 말했다.

"나리마님께서 너한테 해주신 게 많잖니, 그러니 얌전하게 관 뒤를 따라갈 수 있다고 생각한다."

소년은 대답하지 않았다. 할머니가 검은 털목도리를 머리에 감는 동안, 그는 암탉을 눈에서 꺼내 마지막 눈을 털어내고 화덕 앞에 장작 두 개 위에 올려놓았다. 녹여야 했다.

할머니는 그를 더 보지 않았다. 할머니는 준비를 마치자 그의 손을 잡고 단호하게 문밖으로 나갔다.

상당히 먼 곳까지 그는 순종하며 따라갔다. 장례식에 가는 길에는 점점 더 사람들이 많아졌다, 남자들 여자들이. 소년은 갑자기 아프다고 소리를 질렀다. 그의 발 하나가 눈 더미에 끼었다. 그는 얼굴을 찡그리며 발을 빼고 절뚝거리며 돌 위에 가서 앉아 발을 문질렀다.

"발을 삐었어요." 그는 말했다.

할머니는 의심쩍은 눈으로 그를 보았다.

"넌 잘 걸을 수 있어." 할머니가 말했다.

"안 돼요." 그는 투덜거렸다. "할머니가 못 믿으시겠다면, 발이 나을 때까지 제 옆에 앉아 계세요."

할머니는 말없이 옆에 앉았다.

십오 분쯤 지났다. 마을 주민들은 여전히 지나갔지만, 점점 그 수가 줄었다. 두 사람은 길가에 쪼그리고 앉아 있었다. 그러다가 할머니가 진지하게 말했다.

"나리마님께서 너한테 거짓말하지 말라는 것은 안 가르치셨냐?"

소년은 아무 대답도 하지 않았다. 할머니는 한숨을 쉬면서 일어섰다. 너무 추웠다.

"십 분 후에도 따라오지 않으면" 할머니가 말했다, "네 형한테 말해서 엉덩이를 흠씬 맞게 해줄 테다."

그러면서 할머니는 비척거리며, 추도미사 시간을 놓치지 않으려고 서둘러서 앞으로 갔다.

소년은 할머니가 충분히 멀리 갈 때까지 기다리다가 천천히 일어섰다. 그는 되돌아갔으나, 자주 뒤를 돌아보며 한동안 절뚝거리며 갔다. 할머니 집 앞 울타리가 그의 몸을 가려줄 때 비로소 제대로 걸어갔다.

오두막집에서 그는 암탉 옆에 앉아서 기대에 차서 그것을 보았다. 이제 그것을 솥에 물을 붓고 끓여서 날개 하나를 먹을 거다. 그러면 해로운지 아닌지를 알게 될 것이다.

소년은 먼 곳에서 세 발의 대포 소리가 들릴 때도 앉아 있었다. 그 대포는 폰 베룰람 남작, 세인트 알반 자작, 전 영국 총리였던 프랜시스 베이컨을 기리기 위해 쏘아 올린 것이었다. 그는 적지 않은 동시대인들에게는 혐오감을 주었지만, 또한 많은 사람에게 그의 유용한 학문에 대해 열광하게 한 인물이었다.

울름 1592년 (울름의 재단사)[12]

"주교님, 전 날 수 있습니다."

재단사는 주교에게 말했다.

"잘 보십시오, 제가 어떻게 나는지요!"

그리고 그는 날개같이 보이는

물건을 지고

거대하고 거대한 성당 지붕 위로 올라갔다.

주교는 계속 걸어갔다.

"순전히 거짓말이야,

 인간은 새가 아니니,

 인간은 절대 날지는 못해"

---

12 이 시는 1934년에 초안이 작성되어 1937년에 발표되었다. 남부 독일 도시 울름에서 발생한 사건이다.

주교는 재단사에 관해 말했다.

"재단사가 죽었어요."
사람들이 주교에게 말했다.
"야단났었어요.
그의 날개는 갈기갈기 찢어졌고,
그는 박살이 나서 누워있어요
딱딱하고, 딱딱한 교회 광장 위에서요."
"종을 울리도록 해
거짓말뿐,
인간은 새가 아니니,
인간은 절대 날지는 못해."
주교는 사람들에게 말했다.

이단자의 외투[13]

조르다노 브루노[14]는 놀라 시 출신으로, 1600년 1월 로마 종교
재판소에 의해 이단 행위를 했다고 장작더미 위에서 화형 당했
지만, 일반적으로는 위대한 인물로 여겨진다. 그 이후에 진실이
라고 입증된 천체의 움직임에 관한 대담한 가설 때문만이 아니
라, 종교재판소에서 보여준 용감한 태도 때문에도 그러하다. 그
가 말했다. "여러분은 사형 선고를 내리면서 내가 느끼게 되는
것보다 훨씬 더 큰 두려움을 갖게 될 것이오." 그의 저술을 읽어
보고 그의 공개적인 태도에 관한 보고서를 들여다보면, 진정으

---

13   1939년에 작성되고 발표되었다. 이 이야기는 16세기 로마에서 이단으로 화
형당한 조르다노 브루노에게 실제 있었던 이야기를 바탕으로 한다.

14   Giordano Bruno(1548~1600) 이탈리아 나폴리 근처 놀라에서 출생한 과학
자. 전통 천문학 천동설을 비판하고 현대과학을 예상하는 이론들을 제시하여 종교
재판소로부터 이단으로 몰려 화형 당한다.

로 그를 위대한 남자라고 일컬어도 부족함이 없다. 하지만 그에 대한 우리의 존경심을 더욱 높여줄 수 있는 이야기가 하나 있다.

그것은 그의 외투에 관한 이야기이다.

그가 어떻게 종교재판소의 손에 들어가게 되었는지 알아야 한다.

베네치아의 한 명문 귀족, 모세니고라는 사람은 이 학자를 자신의 집에 초대하여 물리학과 기억의 기술을 수업 받고자 했다. 그는 학자에게 여러 달 동안 숙식을 제공하였으며 그 대가로 요구한 가르침을 받았다. 그러나 악령을 부르는 마술을 가르치는 대목에서, 그는 그것을 원했지만, 물리학에서 나오는 정도밖에 배우지 못했다. 모세니고는 전혀 만족하지 못했으니, 그 정도의 것은 그에게 아무짝에도 쓸데없는 것이었기 때문이다. 손님에게 드는 비용이 아까웠다. 그는 여러 번 진지하게 경고했다, 제발 돈벌이가 되는 그 비밀스러운 지식을 알려달라고. 이렇게 유명한 남자가 그런 지식을 틀림없이 갖고 있을 거라고. 그런데 그것이 소용없게 되자, 그는 종교재판소에 편지를 써서 그를 밀고했다. 그는, 이 배은망덕하고 나쁜 인간이 자기 앞에서 그리스도에 대해 나쁜 말을 했으며, 수도사들을 당나귀라고 하고 백성들이 멍청하다고 하고, 성경에 있는 것과는 반대로,

세상에는 태양뿐 아니라 무수히 많은 별이 있다고 했다는 등등. 그래서 모세니고 자신이 그를 지하 방에 감금하고 있으니 가능한 한 빨리 관리들이 와서 데려가기를 청한다고 썼다.

관리들은 일요일에서 월요일 사이 한밤중에 와서 이 학자를 종교재판소 감옥으로 이송했다.

이 일은 1592년 5월 25일 월요일 새벽 3시에 일어났고, 이 날부터 1600년 2월 17일 그가 장작더미에 오르는 날까지 이 놀라 출신 남자는 감옥을 벗어나지 못했다.

끔찍한 재판이 진행되던 팔 년 동안 그는 자신의 목숨을 위해 투쟁했으나, 첫 해에 베네치아에서 로마로 송치되는 것에 저항하며 싸운 투쟁이 아마도 가장 절망적이었을 게다.

이 시기에 그의 외투와 관련된 이야기가 들어간다.

1592년 겨울, 당시에 그는 한 호텔에 머물고 있었는데, 가브리엘레 춘토라는 재단사에게 두꺼운 외투 한 벌을 맞춘 적이 있었다. 그가 구금되었을 때, 외투 값은 아직 지급되지 않았다.

체포 소식을 듣고 재단사는 성 사무엘 지역에 있는 모세니고 나리의 집으로 쳐들어가서 계산서를 내밀려고 했다. 너무 늦은 시간이었다. 모세니고 나리의 하인이 문 앞에서 그를 쫓아냈다. "우리는 이 사기꾼에게 충분히 지급 하였소." 그가 문턱에서 하도 크게 소리 지르니까 길 가던 행인들이 돌아보았다. "혹시

교황청 법정으로 가 보시오. 거기서 당신이 그 이단자와 관계있
다고 말하시오."

재단사는 놀라서 길에 서 있었다. 한 무리의 골목 사내아이
들이 모두 함께 들었다. 부스럼이 잔뜩 나고 넝마 같은 옷을 입
은 한 꼬마가 그를 향해 돌멩이를 던졌다. 문에서 초라한 한 여
인이 나와서 그에게 따귀를 갈겼으나, 춘토는 나이 든 남자로,
"이단자와 관계있다는" 사람이 된다는 것이 얼마나 위험할지
분명히 느꼈다. 그는 겁을 먹고 주위를 살피며 모퉁이를 돌아서
상당히 먼 길로 우회하여 집으로 돌아갔다. 아내에게는 이 불운
에 대해 아무 말도 하지 않았으므로, 그녀는 한 주 내내 남편의
풀이 죽은 모습을 이상하게 생각했다.

그러나 6월 1일 아내는 계산서들을 정리하다가 그 이름이
모든 사람의 입에 오르내리는 한 남자의 외투 값이 지급되지 않
은 것을 발견했다. 그도 그럴 것이 놀라 사람은 온 도시의 화제
였기 때문이었다. 그의 나쁜 짓에 대한 아주 끔찍한 소문이 돌
았다. 그는 책이나 대화에서도 결혼을 깎아내릴 뿐 아니라, 그
리스도 자신이 협잡꾼이라 하고 태양에 관해서 미친 소리를 했
다. 그가 외투 값을 지급하지 않았다는 사실과 꼭 들어맞는 일
이었다. 이 선량한 여자는 손해를 감수할 생각이 조금도 없었
다. 칠십 세 된 노파는 남편과 심하게 언쟁을 한 후에 정장을 입

고 종교재판소 건물에 들어가서, 구금당한 이단자가 자신에게 빚진 것이라고 하면서, 심술 난 얼굴로 삼십이 스쿠디[15]를 요구했다. 그녀와 이야기하던 관리는 그녀의 청원을 받아 적고, 사건을 조사하겠다고 약속했다.

그리고 춘토는 곧 소환장을 받았다, 떨면서 말을 더듬으며 그는 무시무시한 건물에서 신고했다. 놀랍게도 그는 심문을 받은 것이 아니라, 구금된 자의 재정적 문제를 정리할 때, 그의 요청도 고려될 것이라는 통고를 받은 것이었다. 관리는 물론 그때 대단한 성과는 나오지 않으리라고 암시했다.

이 노인은 쉽게 떠날 수 있는 것이 기뻐서 감사하며 굽신거렸다. 하지만 그의 아내는 만족하지 않았다. 그것으로 손해를 만회하기는 충분하지 않았다. 남편은 매일 밤 술 한잔하는 것도 포기하고 밤늦게까지 바느질했는데. 원단 가게에 갚아야 할 빚도 있었다. 그녀는 부엌과 마당을 돌아다니며 빚도 갚지 않았는데 범죄자를 안전하게 보호하는 것은 수치라고 소리를 질렀다. 그녀는 "장작더미 위에서 외투는 필요 없어"라고 외치면서, 삼십이 스쿠디를 받기 위해서라면 로마 교황에게라도 가겠다고 했다.

---

15 이탈리아의 은화로 지금은 쓰지 않음.

그녀는 자신들에게 일어난 일을 고해 신부에게 이야기했다. 신부는 적어도 외투만이라도 되돌려 받게 해달라고 요청하라고 충고했다. 그녀는 그 말에서 자신이 요구할 권리가 있다는 것을 교회 편에서 인정한 것이라고 보고, 외투로는 결코 만족할 수 없고, 외투는 이미 입었을 것이 틀림없고 게다가 치수에 맞추어 제작된 것이라고 선언했다. 그녀는 돈을 받아야 한다고 했다. 그러면서 그녀가 열을 내어 소리가 좀 커지자, 신부는 그녀를 내보냈다.

그 일로 그녀는 약간 정신을 차렸다, 그래서 몇 주일은 조용히 행동했다. 종교재판소 건물로부터는 구금된 이단자 건에 대해서 아무 말도 들리지 않았다. 그래도 도처에서 사람들이 수군거리는데, 심문이 진행될수록 무시무시하고 파렴치한 행위들이 늘어나는 것이었다. 노파는 여기저기 다니며 온갖 수다에 귀를 기울였다. 이단자 건이 아주 안 좋다는 것을 듣는 것이 그녀에게는 고문이었다. 그는 영영 석방되지 못할 것이며 빚도 갚을 수 없을지 모른다고. 그녀는 하룻밤도 제대로 자지 못하다가, 팔월 더위가 그녀의 신경을 완전히 망가뜨렸을 때, 그녀는 장터 가게들 앞에 가서 물건 보러오는 손님들을 상대로 대단한 능변으로 자신의 문제에 대해 불평을 늘어놓기 시작했다. 그녀는 신부들이 소시민 수공업자의 정당한 요구를 그렇게 관심 없이 경시한다면 죄를 짓기 시작하는 것이라고 암시했다. 세금은 그들을 짓누르고 빵 값은 최근에 다시 올랐다.

어느 날 오전에 관리 하나가 그녀를 추기경 회의장 건물로 데려가서 나쁜 말을 지껄이고 다니는 데 대해서 엄중히 경고했다. 그들은 그녀에게, 돈 몇 푼 때문에 아주 심각한 종교 재판을 입에 담고 다니는 것이 창피하지 않으냐고 물었다. 그리고 사람을 매질하는 여러 가지 방법이 있다는 것을 그녀에게 이해시켰다.

한동안 그 방법이 통했다, 비록 살찐 수도사의 입에서 나온 "돈 몇 푼 때문에"라는 관용구를 생각하면 화가 나서 얼굴이 빨개졌지만 말이다. 그러나 9월이 되자 로마의 종교재판소 대법정이 놀라 출신 남자의 이송을 요청한다는 것이었다. 로마의 시의회가 이 사건을 다룬다고 한다.

시민들은 이 인도 요청에 대해서 활발히 논의했으며, 분위기는 일반적으로 반대하는 쪽이었다. 동업자 조합 길드들은 로마의 법정에 자신들이 알려지는 것을 원치 않았다.

노파는 제정신이 아니었다. 사람들이 이단자를 이제 정말 로마로 이송하려고 하는 건가, 그는 빚도 청산하지 않았는데? 일은 정점에 이르렀다. 그녀는 믿을 수 없는 소식을 듣자마자, 좀 더 좋은 옷으로 갈아입을 시간도 없이, 재판소 건물로 달려갔다.

이번에는 좀 더 높은 관리가 맞아 주었는데, 그는 특이하게
도 이전의 관리들보다 훨씬 대응을 잘해주었다. 그는 그녀와 거
의 비슷한 나이였는데, 그녀의 호소를 조용히 주의 깊게 들었
다. 그녀가 말을 마치자, 그는 잠시 뜸을 들인 후에, 브루노를 만
나보겠냐고 물었다.

그녀는 즉시 동의했다. 다음날로 만날 약속이 정해졌다.

이날 오전에 아주 작은 격자창의 방으로 힘이 없고 짙은 수
염을 가진 자그마하고 마른 남자가 그녀 앞에 들어섰고, 정중하
게 그녀가 원하는 것을 물었다.

그녀는 그가 옷을 맞출 때 보았고 그동안 내내 그의 얼굴을
잘 기억하고 있었지만, 이제 그를 금방 알아보지 못했다. 심문
이 심해서 그가 변했음이 틀림없었다.

그녀는 황급히 말했다.

"외투요. 외투 값을 지급하지 않으셨어요."

그는 몇 초 동안 놀라서 그녀를 쳐다보았다. 그리고 정신을
차리고 낮은 음성으로 물었다. "얼마를 드려야 합니까?"

"삼십이 스쿠디요." 그녀가 말했다, "계산서를 받으셨잖아
요."

브루노는 그들의 대화를 감시하는 키 크고 뚱뚱한 관리에게

몸을 돌리더니 자신의 물건들과 함께 종교재판소에 맡긴 돈이 얼마나 되는지 아느냐고 물었다. 그 남자는 모르지만, 확인해 보겠노라고 약속했다.

"부군께서는 안녕하십니까?"하고 죄수는 몸을 다시 노파에게 돌리고 마치 그것으로 일을 끝낸 듯이 그래서 정상적인 관계를 회복하고 보통 방문하는 사람의 상황이 된 듯이 물었다.

노파는 이 작은 남자의 친절함에 당황하여, 남편은 잘 지낸다고 우물거렸고, 그의 류머티즘 증세에 대한 말까지 덧붙였다.

실제로 그녀는 다시 한 번 그와 면담할 수 있도록 허가를 받았다. 물론 그녀는 격자창 있는 좁은 방에서 한 시간 이상 기다려야 했다. 그가 심문받고 있었기 때문이었다.

그가 왔는데 몹시 지쳐 보였다. 그곳에는 의자가 없었으므로 그는 벽에 조금 기댔다. 하지만 곧장 본론으로 들어갔다.

그는 아주 힘없는 목소리로 말하기를, 유감스럽게도 외투 값을 지급할 수 없겠다고 했다. 그의 소지품 중에는 돈이 한 푼도 없다고 했다. 그래도 그녀가 희망을 포기하지는 말라고 했다. 그가 생각해보니 기억이 났는데, 프랑크푸르트 시에서 그의 책을 인쇄한 사람이 있으며, 그에게 자신의 돈이 틀림없이 있을 거라고 했다. 허용된다면 그에게 편지를 쓰겠다고 했다. 허락을 구하는 일은 내일 하겠다고 했다. 오늘 심문에서는 특히 좋은 분위기가 아닌 것으로 보여서, 거기다 또 질문을 해서 모든 것을 망치게 되면 안 된다고 했다.

노파는 날카로운 눈으로 그가 말하는 동안 그를 뚫어지게 쳐다보았다. 그녀는 지급을 미루는 채무자들이 핑계를 대며 희망을 주어서 달래려는 방식을 알고 있었다. 그들은 악마에게 자신의 의무를 신경 쓰게 하여, 누가 그들에게 재촉하면 가능한 모든 것을 하겠다는 듯이 행동했다.

"값을 돈도 없으면서 외투는 왜 필요했나요?" 그녀는 냉정하게 물었다.

죄수는 고개를 끄덕이며 그녀의 생각을 잘 듣고 있다는 것을 보여주었다. 그가 대답했다.

"난 항상 책을 쓰거나 강의를 해서 돈을 벌었소. 그래서 지금도 내가 벌고 있다고 생각했소. 그리고 외투는 필요할 거로 생각했소, 이제 방면되어 자유롭게 다니게 되리라 믿었기 때문이오."

그는 전혀 노여워하지 않고, 다만 대답해야 할 의무를 저버리지 않으려고 분명하게 말했다.

노파는 다시 그를 머리끝에서부터 발끝까지 유심히 살펴보고는, 분노로 가득 찼으나 가까이 가지는 않고, 한마디도 더하지 않고 돌아서서 건물을 나왔다.

"종교재판소의 재판을 받는 인간에게 누가 돈을 보낸답니까?" 그녀는 이날 밤 침대에 누울 때 화가 나서 남편에게 자신의 생각을 말했다. 그는 이제 종교청이 자신을 대하는 태도를 보고 안정이 되었으나, 돈을 끌어내려는 아내의 지치지 않는 시도는 마땅치 않았다.

"아마 다른 것을 생각해야 하겠지." 그는 중얼거렸다.

그녀는 아무 말도 더하지 않았다.

몇 달이 지나갔지만, 이 불쾌한 사건에서 뭔가 새로운 일은 일어나지 않았다. 1월 초 시의회가 교황이 원하는 바에 따라 이단자를 이송할 생각을 한다고 했다. 그러자 춘토 부부에게 종교재판소 건물로 오라는 새로운 통지가 왔다.

특정한 시간이 언급되지 않아서 춘토 부인은 어느 날 오후에 그리로 갔다. 그녀는 때를 잘 못 맞추었다. 죄수는 공화국의 교황 대리인이 방문하기를 기다리고 있었다. 그는 시의회의 요청을 받아서 이송 문제에 대한 증빙서류를 작성해야 했다. 그녀는 이전에 놀라 남자와 첫 번째 면담을 주선해 주었던 고위관리를 만났다. 그 노인은 죄수가 그녀와 면담하고 싶다고 했지만, 그녀가 시간을 잘 선택했는지 곰곰이 생각해봐야 할 것이라고 말했다. 죄수가 곧 아주 중대한 회의장에 가야 하기 때문이라고 하면서.

그녀는 짧게, 그에게 물어볼 것이 있다고 했다.

한 관리가 가더니 죄수와 함께 돌아왔다. 면담은 고위관리가 있는 데서 이루어졌다. 놀라 사람이 문에 들어서면서 미소를 띠며 뭐라고 말하기도 전에 노파는 불쑥 내 뱉었다.

"자유롭게 돌아다니고 싶다면 왜 그런 행동을 하시나요?"

그 작은 남자는 한순간 당황한 듯 보였다. 그는 이 석 달 동안 많은 질문에 대답하느라고, 이 재단사 부인과의 마지막 면담의 마지막 말을 거의 기억하지 못했다.

"돈이 오지 않았소" 그는 마침내 말했다. "나는 두 번이나 편지를 썼지만 아무것도 오지 않았소. 당신들이 외투를 도로 가져갈 거라고 생각했소."

"일이 그렇게 되리라고 생각했어요." 그녀는 경멸하듯이 말했다. "그건 치수를 재서 맞춘 맞춤옷이어서 많은 사람에게 너무 작아요."

놀라 사람은 괴로워하며 이 노파를 보았다.

"그 생각을 못 했군요." 그는 말하고 성직자를 향해 몸을 돌렸다.

"제 소지품을 모두 팔아서 그 돈을 이 사람들에게 줄 수 없을까요?"

"그건 불가능할 것입니다." 그를 데리고 왔던 키 크고 뚱뚱한 관리가 대화에 끼어들었다. "그것에 대해서는 모세니고 나리가 권리를 주장하십니다. 선생에게 그가 오랫동안 비용을 댔으니까요."

"그분은 나를 초대 하셨습니다." 놀라 사람은 피곤하게 응수했다.

노인 관리는 손을 올렸다.

"그것은 실로 이 자리에서 말할 것이 아니요. 내 생각에는 외투를 돌려줘야 할 것 같소."

"그것으로 우리보고 뭘 하라고요?" 노파는 고집 세게 말했다.

노인 관리의 얼굴이 약간 붉어졌다. 그는 천천히 말했다.

"친애하는 부인, 약간의 기독교적 관용을 베풀어도 나쁘지 않을 것이요. 피고는 지금 생사가 걸린 심문을 앞두고 있어요. 너무 당신의 외투에만 관심을 가지라고 요구하지 마시오."

노파는 그를 불안하게 쳐다보았다. 그는 갑자기 자신이 어디 서 있는지를 기억했다. 그녀가 가봐야 하지 않나 하고 생각할 때, 뒤에서 죄수가 낮은 소리로 말하는 것을 들었다.

"부인은 그것을 요구할 수 있다고 생각합니다."

그리고 그녀가 그를 향해 몸을 돌렸을 때, 그는 계속 말했다. "이 모든 것을 용서하시오. 당신이 손해 보는 일에 내가 관심이 없다고는 절대 생각하지 마시오. 이 건에 대해 진정서를 내겠소."

키가 큰 뚱뚱이 관리가 노인 관리의 손짓에 따라 방에서 나갔다. 그가 돌아와서는 두 팔을 벌리고 말했다. "외투는 애당초 함께 들어오지 않았답니다. 모세니고가 가진 것이 틀림없습니다."

놀라 사람은 놀란 것이 분명했다. 그리고 단호하게 말했다.

"그건 정당하지 않아요. 그를 고발하겠소."

노인 관리는 고개를 흔들었다.

"몇 분 후에 있을 면담에 몰두하는 것이 좋겠소. 여기서 몇 푼 안 되는 것 때문에 논쟁이 오가는 것을 허용할 수 없소."

노파의 머릿속에서 피가 솟구쳤다. 그녀는, 놀라 사람이 말하는 동안에는 말없이 우물거리며 방 한구석을 보고 있었다. 그러자 이제 다시 참을성의 끈이 끊어졌다.

"몇 푼이라고요!" 그녀는 소리쳤다. "그건 한 달 치 급료예요! 나리는 쉽게 관용을 베풀 수 있겠지요. 손해를 보지 않으니까요!"

이 순간에 체격이 큰 수도사가 문으로 들어섰다.

"교황 대리인이 도착 하셨습니다." 그는 소리 지르는 노파를 보고 놀라서 반쯤 큰 소리로 말했다.

키 크고 뚱뚱한 남자는 놀라 사람 옷소매를 잡고 방 밖으로 데리고 나갔다. 죄수는 문턱을 넘어설 때까지, 좁은 어깨 위로 부인을 뒤돌아보면서 끌려갔다. 그의 여윈 얼굴이 아주 창백했다.

노파는 당황하여 건물의 돌계단을 걸어 내려갔다. 어찌 생각해야 할지 몰랐다. 결국 그 남자는 자신이 할 수 있는 것을 했다.

일주일 후에 키 큰 뚱보가 외투를 가져다주었을 때, 그녀는 작업장에 가지 않았지만, 문 옆에서 귀를 기울였다. 관리가 하는 말을 들었다. "놀라 사람은 실로 마지막 며칠 동안도 외투 걱정을 했소. 두 번이나 진정서를 냈소, 심문과 시의회의 조사 사이사이에. 그리고 여러 번 이 사건에 대해 교황 대사와의 면담을 요구했소. 그는 자신의 요구를 관철했소. 모세니고는 외투를 내놓아야 했지요. 그런데 지금 그에게는 외투가 아주 필요할 텐데요, 곧 이송될 것이고 바로 이번 주에 로마로 출발해야 하기 때문이지요."

그 말은 맞았다. 그때는 1월 말이었다.

1939년의 어린이 십자군 전쟁[16]

폴란드, 1939년
유혈의 전투가 있었고
많은 도시와 마을이
폐허가 되었다.

누이는 오빠를
아내는 남편을 전쟁터에서 잃었다
불길과 잿더미 사이에서
아이는 부모를 찾지 못했다.

16 브레히트는 이 시를 1939년과 1941년 사이에 썼다. 이 시는 1942년 그가 망명
중이었던 미국에서 처음으로 발표되었고, 1949년《달력 이야기》에 포함되어 출간
되었다.

폴란드에서는 아무런 소식도 오지 않았다
편지도 신문도.
그러나 동쪽 지역에서
이상한 이야기가 떠돌았다.

동쪽 어느 도시에서
폴란드에서 시작한
어린이 십자군에 대해
사람들이 이야기할 때 눈이 내렸다.

아이들은 굶주린 채 총총히 발걸음을 내디뎠다
작은 무리를 지어 도로를 내려가며
총을 맞아 부서진 마을에 서 있는
다른 아이들을 함께 데려갔다.

아이들은 전쟁터와
밤중의 유령들을 모두 피해서
어느 날엔가 평화가 있는
나라로 가려고 했다.

그때 꼬마 대장이 있었는데
아이들은 그 사실에 위로를 받았다.
대장은 걱정이 컸다.
가는 길, 그 길을 알지 못했으니.

열한 살짜리 여자애가
네 살짜리 아이를 이끌고 가며
어머니가 할 일을 모두 했지만
평화가 있는 나라는 없었다.

유대인 꼬마가 무리에 섞여 행진했다
부드러운 우단 깃을 달고
그 아이는 하얀 빵에 익숙했었지만
잘 견디어냈다.

그리고 깡마른 회색 아이도 함께 갔는데
들판에서는 멀리 떨어져서 갔다.
그는 끔찍스러운 죄책감을 느끼고 있었다.
나치의 공사관에서 왔기 때문이다.

그리고 개 한 마리를
도살하려고 잡았지만
차마 그것은 할 수 없어서
같이 먹기로 하고 데리고 갔다.

거기에는 학교가 있었고
글씨 가르치는 꼬마 선생도 있었다.
학생은 총을 맞아 부서진 탱크 벽에
평ㅎ……까지 쓰는 것을 배웠다.

거기에는 사랑도 있었다.
여자애는 열두 살, 남자애는 열다섯 살이었다.
부서진 농가에서
여자애는 그의 머리칼을 쓰다듬었다.

사랑은 지속될 수 없었다
엄청난 추위가 몰려왔으니
그렇게 많은 눈이 덮였는데
어린 나무들이 어떻게 꽃을 피울 것인가?

거기에는 장례식도 있었다
우단 깃을 두른 소년을
두 명의 독일 아이와 두 명의 폴란드 아이가
묘지로 옮겨 갔다.

개신교도, 천주교도 그리고 나치 아이가 거기서
그를 땅 속에 내려놓고
꼬마 공산주의자가 마지막으로
살아있는 자들의 미래에 관해 말했다.

그렇게 믿음과 희망이 있었다.
다만 고기와 빵이 없었다.
그들이 무언가를 훔쳤다고 나무라지 말라
아무도 그들에게 쉴 곳을 제공하지 않았으니.

그리고 그 가난한 남자가 그들을
식사에 초대하지 않았다고 아무도 나무라지 말라.
반백명이나 되는 애들을 위해서는
밀가루가 필요했지 희생의 용기가 필요했던 것이 아니다.

그 애들은 무엇보다 남쪽으로 내려갔다.
남쪽은, 낮 열두 시에
태양이 떠 있는 그곳으로
똑바로 가면 된다.

그들은 전나무 그늘에서
부상당한 군인을 발견했다.
이레 동안 그를 돌보아주었다
그들에게 길을 알려주기 바라면서.

그는 말했다. 빌고라이로 가라!
열이 심하게 오르더니
팔 일째 되는 날 죽어서 그들을 떠났다.
그들은 군인도 묻어주었다.

물론 표지판들이 있기는 있었다
눈 때문에 흐려지기도 했지만
그것들이 더 이상 방향을 가리키지 않았고
방향은 틀어져 있었다.

그것은 잘못된 장난이 아니라
전략적 이유에서였다.
그들은 빌고라이 방향을 찾았으나
발견할 수 없었다.

그들은 대장 주위에 둘러섰다.
대장은 눈이 올 듯한 하늘을 바라보며
작은 손으로 가리키며
저쪽이 틀림없다고 말했다.

한번은 밤중에 불길을 보았지만
그들은 그리로 가지 않았다.
한번은 탱크 세 대가 구르며 지나갔고
그 안에는 사람들이 타고 있었다.

한번은 어느 도시 근처에 갔는데
거기서 그들은 우회하였다.
그들은 그 도시 옆을 다 지나갈 때까지
밤에만 전진하였다.

언젠가 폴란드 남동쪽에
강한 눈보라가 쳤을 때
쉰다섯 명 아이들이
마지막으로 보였다.

눈을 감으면
그들이 헤매는 것이 보인다
총탄으로 구멍 난 농가에서
총탄으로 구멍 난 또 다른 곳으로.

그들 위로, 높은 구름 속에서
다른 행렬들을 본다, 새롭고 거대한 행렬을!
차가운 바람을 맞으며 힘겹게 방랑하는
고향을 잃은 자들, 방향을 잃은 자들을.
평화가 있는 땅
천둥도, 불길도 없는 곳,
그들이 온 곳이 아닌 곳
행렬은 거대해질 것이다.

그런데 황혼 빛에 보이는데
벌써 그 행렬이 이제는 같은 행렬이 아니다.
다른 얼굴들이 보인다
스페인 아이들, 프랑스 아이들, 황색인들!

그해 1월 폴란드에서
개 한 마리가 잡혔는데
그 개는 앙상한 목에
판지 하나를 걸고 있었다.

거기에 적혀 있기를 . 제발 도와주세요!
우리는 길을 모르겠어요.
우리는 쉰다섯 명이에요.
이 개가 우리에게 인도할 거예요.

만약 오실 수 없다면
개를 쫓아 버리세요.
총으로 쏘지 마세요
그 개만 이곳을 알아요.

글씨는 아이의 필체였고.

농부들이 그것을 읽었다.

그 이후 일 년 반이 지났고.

개는 굶어 죽었다.

카이사르와 그의 병사[17]

삼월 초부터 독재관은 독재의 날이 얼마 안 남았다는 것을 알았다.

지방에서 올라오는 이방인이라면 아마 수도가 이전보다 더 위풍당당해졌다고 볼 것이다. 도시는 대단히 성장하였다. 다양한 민족들이 섞여서 숙영지들을 채웠고, 거대한 정부청사 건물들이 완공을 앞두고 있었다. 도시는 여러 프로젝트로 들끓고 있었고, 실업계는 정상적인 흐름을 보였고, 노예들은 값이 쌌다.

정권은 굳건한 듯 보였다. 독재관은 방금 평생 독재관으로 임명되었고 이제 **자신의 가장 위대한 계획**, 동방 정복, 오랫동안

---

17 이 단편은 브레히트가 처음에 "카이사르의 마지막 날"이라는 영화 시나리오를 위해 초안을 작성하였으나, 영화가 제작되었는지는 불확실하다. 브레히트는 역사학의 고문헌을 바탕으로 사실성이 강한 이야기를 썼다. 그가 미국에서 망명하던 1942년에 이 이야기는 "카이사르와 그의 병사"로 나왔다가 1949년에 《달력 이야기》에 포함되어 발간되었다.

고대했던 페르시아 출정, 진정한 두 번째 알렉산드로스 전쟁을 준비하고 있었다.

카이사르는 자신이 그달을 살아 넘기지 못할 것이라고 알고 있었다. 그는 권력의 정상에 있었다. 그러니까 그의 앞에는 낭떠러지가 놓여 있었다.

3월 13일 원로원 대회의에서 독재관이 "위협하는 페르시아 정부의 태도"에 대한 연설에서 견해를 밝히고 이집트의 수도 알렉산드리아에 군대를 집결시켰다는 사실을 알리자 원로원 의원들은 이상하게도 무관심하고 냉담하기까지 한 태도를 드러냈다. 연설 도중에는 의원들 사이에서 수상쩍은 액수가 적힌 목록이 돌아다녔는데, 독재관이 가명으로 스페인의 은행들에 예금했다는 액수였다. **독재관이 자신의 개인 재산을 (1천억) 외국으로 빼돌리고 있다!** 그는 자신의 전쟁을 안 믿었나? 아니면 도대체 그가 페르시아를 겨냥한 전쟁이 아니라 로마를 겨냥한 전쟁을 의도한 것이 아니었나?

원로원 의회는 전시 채권에, 만장일치로, 의례 그렇듯이 동의했다.

모든 음모의 중심인 클레오파트라의 궁정에서, 동방과 관련하여, 군사 지도자들이 모였다. 이집트의 여왕이 원래 페르시아 전쟁의 계기를 만들었다. 브루투스와 카시우스 등 젊은 장교들은 원로원에서 그녀의 전략이 성공하였음을 축하한다. 수상쩍은 목록을 돌아다니게 한 그녀의 발상이 적중하였음에 경탄하고 웃기 시작한다. 독재자가 동의 받은 채권을 시중에서 거두어들이려 한다면 놀랄 것이고…….

실제로 카이사르는, 원로원 회의에서 아무리 고분고분함을 보였어도 그 냉담함을 떨쳐낼 수 없었는데, 시중에서도 매우 곤혹스러워하는 태도를 확인할 기회가 있다. 상공회의소에서 그는 벽에 걸려있는 거대한 지도 앞으로 금융계 인사들을 데려가서 그들에게 페르시아와 인도 정복 전쟁에 관하여 설명한다. 이 인사들은 고개를 끄덕이지만, 곧 갈리아에 대해 말하기 시작한다. 갈리아는 몇 년 전에 정복하였으나 거기서 또 다시 유혈의 봉기가 일어나고 있다. "새로운 질서"가 기능을 발휘하지 못한다. 한 사람이 제안한다, 새 전쟁을 가을에 시작하는 것이 좋지 않을까요? 카이사르는 대답하지 않고 험악한 표정으로 나간다. 신사들은 두 손을 들어 로마식으로 인사를 한다. 누군가가 중얼거린다, "이제 참을성이 없군, 저 사람."

그들이 갑자기 전쟁을 원하지 않는다는 말인가?

여론을 들어보면 황당한 사실이 나타난다. 방위산업체들은 열렬히 전쟁을 준비하고 있고, 그들의 주식은 높이 뛰어오르고 있고, 노예들의 가격도 오르고…….

그건 무슨 뜻이지? 그들은 독재관의 전쟁을 원하면서 전쟁을 위한 자금은 거절한단 말인가?

저녁 무렵 카이사르는 그것이 무엇을 의미하는지 알게 된다. 즉 **그들은 전쟁을 원하지만, 자신과 함께하는 전쟁이 아니라는 것이다.**

그는 명령을 내려 다섯 명의 은행가들을 체포하도록 한다. 그러나 그는 거의 신경이 마비될 정도로 심한 충격을 받는다. 유혈의 전투 한가운데서도 그가 아주 침착한 것을 보았던 그의 부관이 놀랄 정도이다. 사랑하는 브루투스가 왔을 때, 그는 약간 진정이 된다. 어쨌거나 그는 시중에서 신임하는 자가 자신에게 보낸 서류를 받아 볼 기운이 없다고 느낀다. 그 문서에는 역모자들의 이름이 들어 있고 그중에는 브루투스의 이름도 있다. 그들은 그의 암살을 준비하고 있다. 두꺼운 문서 안에서 ("그것은 아주 두껍고, 끔찍하게 두꺼웠는데") 친근한 이름도 발견할지 모른다는 두려움에 독재관은 열어 보기를 거절한다. 브루투스는 카이사르가 서류를 열어 보지 않고 나중에 보겠다고 비서에게 돌려줄 때 물 한 잔이 필요하다.

클레오파트라의 궁에서는 브루투스가 창백한 얼굴로 당황하여 모반에 관한 문서가 존재한다고 보고할 때 더 큰 충격에 빠진다. 언제든지 카이사르가 그 서류를 읽을 수 있다. 클레오파트라는 애써 동석한 사람들을 진정시키고 군인으로서의 그들의 명예에 호소하고 자신은 짐을 싸라고 명령을 내린다.

카이사르의 저택에는 그사이에 경찰의 감찰관이 설명하려고 나타났다. 그는 올해 들어 두 전임자가 모반에 연루되어 해임된 후 세 번째로 임명된 지 두 달 되었다. 감찰관은 독재관의 개인적 안전을 보장한다 — 시중에서 은행가들을 체포한 데 대해서 소요가 일어났음에도 불구하고 말이다. 그 소요는 영향력 있는 세력권에서는 자신들을 위해 이용하는데…… 페르시아 전쟁이 곧 시작될 거라고 확신하는 듯한 감찰관의 견해에 의하면 반대당이 입을 다물게 될 것이다. 그가 필요하다고 여기는 장황한 보호조치를 설명하는 동안에 카이사르는 그를 통해 환영을 보듯이 자신이 어떻게 죽을지를 본다. 자신은 죽게 될 것이니까.

그는 폼페이우스 회랑으로 사인교를 타고 갈 것이고, 거기서 내려서, 청원자들의 일을 처리해주고, 사원으로 들어가서, 원로원 의원들을 이 사람 저 사람을 찾아 눈으로 인사하고, 의자 위에 앉을 것이다. 몇 가지 식순이 진행되고, 그는 그 의식을 본다. 그리고 반역자들이— 카이사르의 환영에서 그들은 얼굴이 없고 얼굴이 있어야 할 자리에 하얀 점들이 있다 — 한 가지 구실 아래 그에게로 다가온다. 누군가가 그에게 뭔가를 읽으라고 줄 것이고, 그가 그것을 잡으려고 손을 내밀면 그들은 그를 덮칠 것이다. 그는 죽을 것이다.

아니다, 그를 위한 동방 원정은 없을 것이다. 자신의 모든 계획 중에서 가장 원대한 계획이 다시는 이루어지지 않을 것이다. 그 계획에는 살아서 배에 오른다는 것이 있었다. 그 배는 그를 알렉산드리아의 자신의 군대로 데려갈 수 있다. 아마도 그가 안전할 수 있는 유일한 장소일 것이다.

경비들은 늦은 밤에 몇몇 나리들이 독재관의 방으로 들어가는 것을 보고, 그들이 장군들이나 전장의 행정관들일 것이며, 페르시아 전쟁에 대해 의논하리라고 생각한다. 하지만 그들은 의사들일 뿐이다. 독재자는 수면제가 필요하다.

다음 날, 3월 14일은 혼란스럽고 고통스럽게 흘러간다. 승마 학교에서 있던 아침 승마에서 카이사르에게 위대한 착상이 떠오른다. 위원회와 시중 상업계에서 그에게 저항하니 어쩐다? 그는 민중을 만날 것이다.

자신은 이전에 훌륭한 호민관이었고, 현명한 민주주의의 희망이 아니었던가? 그때 거창한 계획으로 원로원을 대단히 놀라게 했지, 토지 분배와 빈민들을 위한 주거지 조성으로.

독재라고? 독재는 이제 그만! 위대한 카이사르는 퇴임하고, 사적인 생활로 돌아갈 것이다, 예를 들면 스페인으로……

피곤한 남자는 말에 올라서 의욕 없이 승마학교를 빙빙 돌다가, 그의 자세는 (민중에 대한 어떤 생각에 미쳐) 긴장하여, 말고삐를 가까이 잡아당겨 땀이 나도록 달렸다. 그는 싱싱하고 새로운 남자가 되어 승마학교를 떠난다.

위대한 게임을 하는 사람 중 많은 사람이 오늘 아침에는 카이사르처럼 확신이 없으니……

반역을 꾀하는 자들은 체포를 기다리고 있다. 브루투스는 그의 정원마다 경비를 세우고 곳곳에 말들을 준비시켰다. 많은 집에서 파피루스 서류들이 불태워진다. 티베르 강변에 있는 클레오파트라의 궁전에서는 죽음의 날을 준비하고 있다. 카이사르가 지금쯤은 비밀문서를 이미 읽었을 것이다. 그녀는 조심스럽게 화장을 하고 노예들을 방면하고, 선물을 나누어준다. 앞잡이들이 곧 올 것이다.

반대당이 어제 공격을 가했다. 오늘은 정부의 반격이 따를 것이다.

독재자의 아침 접견에서 반격이 어떤 양상으로 나타날지 드러날 터이다.

많은 원로원 위원 앞에서 카이사르는 자신의 새 계획에 대해서 말한다. 그는 선언을 공표하고 사임할 것이다. 그의 구호는 **전쟁 반대!**가 될 것이다. 로마의 시민들은 이탈리아의 땅을 정복하지 페르시아를 정복하지 않는다. 도대체 로마의 시민이, 세계의 지배자는 어떻게 살고 있는가? 카이사르는 그것을 묘사한다.

돌처럼 굳어진 표정들이 로마 평민들의 궁핍한 삶이 끔찍하게 묘사되는 것을 듣고 있다. 독재자가 가면을 벗고, 폭도들을 선동하려고 한다. 반 시작 후에는 도심 상권 전체가 알게 될 것이다. 도심과 위원회 사이의, 은행가들과 장교들 사이의 적대감은 사라질 것이고 모두가 하나가 되어 카이사르여 물러나라!고 외칠 것이다.

카이사르는 자신의 연설이 끝나기도 전에 자신이 실수했음을 알게 된다. 그는 물론 지나치게 솔직하지 않아도 되었다. 그는 돌연 주제를 바꾸어서 자신의 장기인 매력적인 방법을 시도한다. 그의 친구들은 염려할 것이 없다. 그들의 토지는 안전하다. 소작인들을 도와주고 농장으로 돌아오게 한다, 그러나 그것은 국가가 할 것이다, 국비로. 친구들은 바예(Bajä)[18]에 초대받아 아름다운 여름을 맞게 될 것이다.

그들이 그 초대에 감사하고 회의장을 떠나면, 카이사르는 경찰 감찰관이 체포된 은행가들을 이미 어제저녁에 방면한 것

---

18 나폴리 근처의 휴양지.

에 대해 감찰관을 해임하고 체포할 것을 지시할 것이다. 그런 다음 비서를 보내서 민주 진영의 분위기를 살펴보려고 한다. 이제 모든 것은 민중들의 태도에 달려 있다. 민주 진영은, 오래전 해체된 수공업자 협회의 정치가들로 그들은 공화국의 위대한 시기에 선거에서 중요한 역할을 했다. 카이사르의 독재 정치는 이 기구를 강력하게 붕괴시킨 바 있었고 협회 회원들의 일부 사람들은 시민 정예병, 소위 도로 협회를 조직하였다. 그러나 이것도 해체되었다. 이제 비서 티투스 라루스는 민중 정치가들의 분위기를 탐색하러 나선다.

그는 이전 페인트공 협회 회장과 이전 선거 운동원이었던 술집 주인과 논의한다. 두 남자는 아주 조심스럽게 정치에 관한 이야기를 피한다. 그들은 이전의 건설노동자 대장이었던 카르포 노인이 가장 영향력이 있음을 시사했다. **그가 지금 감옥에 있으므로**.

그 사이에 카이사르는 큰 손님을 맞았다. 즉 클레오파트라였다. 여왕은 긴장 상태를 더 참지 못했다. 자신의 주변 상황이 어떤지 알아야 한다. 여왕은 죽음을 위하여 이집트의 모든 예술품을 동원하였고 삼 대륙에서 유명한 자신의 미모를 전시 동원을 위해 장식하였다. 독재자는 시간 여유가 있어 보인다. 그는 최근 몇 년 동안 언제나 그녀를 대했던 것처럼 적당히 정중하게 언제든지 조언해 줄 준비가 되어 있다. 때때로 그녀가 원한다면 즉시 자신이 다시 그녀의 연인이 될 수도 있음을 암시도 하면서. 여성의 아름다움을 알지만 도달하지 못하는 남자로서. 그러나 정치에 관한 말은 한마디도 없다. 그들은 안마당에 앉아서 금붕어에 먹이를 주고, 날씨에 관해 이야기한다. 그는 그녀를 여름에 바예로 초대하고…….

여왕은 안심하지 못한다. 그가 아직 쳐내버릴 준비를 완료하지 못한 듯이 보인다, 그것이 전부일 것이다. 그녀는 굳은 표정으로 떠난다. 카이사르는 여왕을 가마까지 배웅하고 집무실로 가는데, 그곳에서는 법률가들과 비서들이 열심히 새 선거법의 초안 작업을 하고 있다. 초안은 비밀이어야 한다. 아무도 궁성을 떠날 수 없다. **이 헌법은 이전 로마의 어떤 법보다 가장 자유로운 법이 될 것이다.**

물론 지금은 모든 것이 민중에 달려 있다…….

라루스가 이상하게도 오랫동안 돌아오지 않으니 — 거래할 것이 무엇이 있을 수 있단 말인가, 민중들은 독재자가 한 번의 기회를 주겠다는데 두 손을 잡아야 할 것 아니겠나 — 카이사르는 개들이 경주하는 경기장에 가기로 한다. 직접 민중과 접촉해야 할 필요를 느끼고 개 경주장에서 민중을 찾으려고 한다. — 경기장은 아직 만석이 아니다. 카이사르는 특별석으로 가지 않고 훨씬 위쪽 민중들 사이에 자리를 잡는다. 자신을 알아보지 않을까 염려할 필요가 없다. 사람들은 항상 멀리서만 그를 보았기 때문이다.

카이사르는 한동안 보고 있다가 어떤 개에게 돈을 건다. 그의 옆에 한 남자가 앉았는데, 카이사르는 그에게 자신이 왜 이 개한데 걸었는지 그 이유를 말해 준다. 그 남자가 고개를 끄덕인다. 한 줄 앞쪽에서 작은 다툼이 있다. 몇몇 사람이 자리를 잘못 앉은 것 같다, 새로 온 사람들이 그들을 쫓아낸다. 카이사르는 옆자리에 앉은 사람들과 대화해 보려고 한다, 정치 이야기까지도. 그들은 짤막한 단음절로 대답한다, 그러자 카이사르는 이들이 자신이 누구인지 알고 있다는 것을 깨닫는다. 그가 자신의 비밀경찰들 사이에 앉아 있다는 것도.

화가 나서 그는 일어나 자리를 떠난다. 그가 걸었던 개는 우승하였다…….

경기장 앞에서 그는 자신을 찾고 있는 비서를 만난다. 좋은 소식이 아니다. 아무도 거래하려고 하지 않는다. 곳곳에 공포나 증오가 지배하고 있다. 대체로 후자가 지배적이다. 사람들이 신임하고 있는 남자는 건설노동자 카르포이다. 카이사르는 어두운 표정으로 듣는다. 그는 가마에 올라타고 마메르틴 감옥으로 가라고 한다. 자신이 카르포와 이야기해 볼 것이다.

우선 카르포를 찾아야 한다. 이 방공호 안에는 이전의 민중 수감자들이 아주 많이 있고 여기서 수십 명이 죽어가고 있다. 한참 이리저리 다닌 후 건설노동자 카르포가 긴 밧줄에 끌려 나오고 이제 독재관은 로마의 백성들이 신임하고 있다는 그 남자와 말할 수 있다.

그들은 마주 앉아 서로 살펴보고 있다. 카르포는 나이 많은 남자다, 아마도 카이사르보다 더 많지는 않겠지만 어쨌든 팔십 노인처럼 보인다. 카이사르는 우회하지 않고 자신의 전례 없는 계획, 민주주의를 다시 도입하고 선거를 시행하고, 자신은 사적인 생활로 돌아간다는 등등의 계획을 펼친다.

노인은 침묵한다. 그는 '예'도 아니고 '아니오'라고도 말하지 않고 침묵한다. 그는 카이사르를 똑바로 응시하고는 한마디도 하지 않는다. 카이사르가 분노를 터뜨리자, 그는 다시 긴 밧줄에 이끌려 굴속으로 들어간다. 민주주의의 꿈은 사라졌다. 분명한 것은, 변혁이 일어난다면 그들은 그와 함께하려 하지 않을 것이라는 것이다. 그들은 그를 너무 잘 알고 있다.

독재관이 집으로 돌아가면 비서는 경비들에게 그가 누구인지를 이해시키려고 애쓴다. 경비들이 새로 왔다. 신임 감찰관이 로마의 경비들을 멀리 보내고 흑인 부대를 궁전에 투입했다. 흑인들이 더 안전하다. 그들은 라틴어를 이해하지 못하므로 시내의 분위기에 전염되어 부추김을 받기 어렵다. 흑인들은 마시고 노래한다. 아무도 그에게 신경 쓰지 않고 그를 알아보지도 못한다. 그는 그들의 슬픈 노래 중 한 곡에 귀를 기울이고 밖으로 나가 마구간으로 가서 자신의 애마를 찾는다. 말은 어쨌든지 그를 알아본다……. 영원한 로마가 불안한 잠에 빠져 있다. 무료숙박소 문 앞에는 아직도 파산한 수공업자들이 세 시간의 수면을 위해 줄 서서 기다리며 반쯤 찢어진 커다란 현수막을 읽고 있다. 현수막은 일어나지 않을 동방 전쟁을 위해 군인을 모집하는 것이었다. 부잣집 도련님들의 정원에서는 어젯밤부터 경비들이 사라졌다. 궁전들에서는 술 취한 목소리들이 들려 나온다. 남쪽 성문에서 작은 가마 행렬이 통과한다. 이집트의 여왕이 베일을 깊이 쓰고 수도를 떠나고……. 새벽 두 시 카이사르는 무엇인가 생각이 나서 나이트가운을 입고 궁전의 측면 건물로 간다. 그곳에서는 법률가들이 아직도 새 헌법을 위해 작업하고 있다. 그는 그들에게 자러 가라고 보낸다.

아침 무렵 카이사르는 그의 비서 라루스가 지난밤에 살해되었다고 보고를 받는다. 민중 정치인들과의 그의 대화를 누군가 염탐하였고 어둠 속에서 힘센 손들이 공격한 것 같다. 누구의 손일까? 그가 가지고 있던 반역자들의 이름이 적힌 명단이 사라졌다.

그는 궁전 안에서 살해되었다. 그러니까 궁전이 이제는 독재관의 추종자들에게 안전하지 않다. 독재관 자신은 안전할까?

카이사르는 오랫동안 비서가 죽어서 누워있는 야전침대 앞에 서 있다. 마지막으로 신임하던 자인데, 그 신임의 대가는 그의 목숨이었다.

방에서 나오면서 그는 취한 경비병에게 부딪치지만, 경비병은 사과하지 않는다. 카이사르는 통로를 내려가면서 여러 번 예민하게 주위를 둘러본다.

이상하게 쓸쓸해 보이는 안마당에서 — 아무도 아침 접견에 나타나지 않았다 — 안토니우스의 전령을 만난다. 집정관인 그가 전한 말은, 오늘 원로원에 가지 말라는 것이다. 안전이 위협당하고 있다는 것이다. 카이사르는 안토니우스에게 원로원에 가지 않겠다고 전하라고 한다. 대신 자신은 클레오파트라의 집으로 가려고 한다, 매일 아침 궁전 앞에서 서 있는 청원자들의 긴 줄을 지나서. 혹시 클레오파트라가 자신의 출정을 지원하지 않을까? 그렇다면 그는 시중 세력과 민중 둘 다 필요 없다.

클레오파트라는 집에 없다. 집은 잠겨 있다. 장기간 예정으로 떠난 듯 보인다……. 다시 궁전으로 돌아간다. 궁전 문이 이상하게도 열려 있다. 경비대가 철수한 것이 확실하다. 세계의 주인인 그는 가마에서 몸을 굽히고 자신의 집을 보며 이제는 들어갈 엄두를 내지 못한다.

그는 안토니우스에게 수비대를 요청할 수 있다. 하지만 그는 모든 수비대를 믿지 못한다. 차라리 수비대 없는 것이 낫다, 그러면 어쨌든지 그들을 두려워할 필요가 없으니까. 어디로 가나?

그는 명령한다. 원로원으로 간다.

그는 가마에 비스듬히 누워서 오른쪽도 왼쪽도 보지 않는다. 그는 폼페이우스 회랑으로 가라고 한다. 가마에서 내린다. 청원자들의 일을 처리해준다. 사원으로 들어간다. 몇몇 위원들을 눈으로 찾아 인사한다. 자신의 의자에 앉는다. 몇 가지 의식이 진행된다. 그리고 반역자들이 그를 향해 다가온다, 한 가지 구실 아래. 그들에겐 이틀 전 꿈에서 본 것 같은 하얀 점이 목에 없다. 그들 모두에겐 얼굴이 있다, 절친한 친구들의 얼굴이. 누군가 그에게 무엇인가 읽을 것을 준다. 그는 그것을 향해 손을 내민다. 그들은 그에게 달려들어 쓰러뜨린다.

2. 카이사르의 병사

새벽녘 황소가 끄는 수레 한 대가 봄날의 푸른 들판을 지나 로마로 향하고 있다. 그 수레는 쉰두 살의 소작인이자 카이사르의 노병 테렌티우스 스카페르 그리고 그의 가족과 살림살이를 실었다. 그들의 표정은 근심으로 가득 차 있다. 그들은 밀린 소작료 때문에 작은 농장에서 쫓겨났다. 다만 열여덟 살 난 루칠리아만이 거대하고 냉랭한 도시를 좀 더 기쁜 마음으로 바라보고 있다. 약혼자가 그곳에 살고 있기 때문이다.

그들은 도시에 가까워지면서 특별한 사건들이 여기 목전에서 일어나고 있음을 감지한다. 차단목마다 검열이 강화되었고, 때때로 군 정찰대에 의해 정지당하기도 한다. 아시아에서 일어날 큰 전쟁에 관한 소문이 떠돌고 있다. 노병은 낯익은 모병소를 알아본다. 아직 이른 시간이라서 비어 있다. 그에게 생기가 돈다. 카이사르가 새로운 전쟁의 승리를 계획하고 있다. 테렌티우스 스카페르는 때맞추어 왔다. 때는 서기 44년 3월 13일이다.

오전 아홉 시경 황소 수레는 폼페이우스 회랑을 통과한다, 민중들은 여기서 카이사르와 원로원 의원들이 신전 회의에 들어가는 것을 기다린다. 원로원은 이 회의에서 "독재관의 중요한 선언"을 받아들일 것이다. 전쟁에 관한 토론이 있을 것이지만, 스카페르가 놀란 것은 군 정찰대가 사람들을 계속 가라고 몰아 댄다는 것이다. 군인들이 나타나면 모든 토론은 침묵한다. 반쯤 지나가다가 그는 수레에서 일어나서 큰 소리로 뒤를 향해 "카이사르 만세!"를 외친다. 그는 아무도 그의 외침에 응하지 않는다는 것을 확인하고 놀란다.

약간 혼란스러워하며 그는 가족을 근교의 값싼 여관에 데려다 놓고, 장래의 사위, 카이사르의 비서 티투스 라루스를 찾아 나선다. 루칠리아가 함께 가겠다는 것도 막았다. 우선 그 젊은 이와 "결말지어야 할" 일이 있다.

그는 카이사르의 궁전의 광장까지 들어가는 것이 상당히 어렵겠다는 것을 확인한다. 검문이, 특히 무기에 관해서, 아주 엄격하다. 공기가 답답하다.

그 안에서 알게 된 사실은, 카이사르에게 이백 명이나 되는 비서가 있다는 것이다. 라루스라는 이름을 아무도 모른다.

실제로 라루스는 자신의 상관을 삼 년 전부터 궁전 도서관에서 접견하지 못했다. 그는 카이사르의 문헌 비서로서 문법에 관한 작업을 함께 하였다. 독재관은 이제 작업에는 손도 대지 않고 있고, 그런 일을 위한 시간이 없다. 라루스는 노병이 뚜벅뚜벅 들어오자 기뻐서 정신이 없다. 뭐라고요, 루칠리아가 여기 로마에 왔다고요? 그렇다네, 그 애가 여기에 왔네, 하지만 기뻐할 일이 아니네. 가족은 길거리로 쫓겨났네. 루칠리아의 탓이기도 하다네. 그 애가 지주이자, 가죽공장 주인인 폼필리우스에좀 더 잘 대해주었더라면…… 라루스가 도대체 모습을 보이지않으니! 젊은이는 열심히 방어한다. 자신은 휴가를 받지 못했다고. 그는 가족을 도와 모든 것을 하겠다고. 그는 행정처에 가서선급을 받아 올 것이다. 그는 테렌티우스 스카페르와의 연줄을이용할 것이다. 큰 전쟁이 목전에 있는데, 왜 이 노병이 대위가되지 못하겠나! 복도에서 발 구르는 소리와 무기가 쩽그랑거리는 소리가 들리고, 문이 활짝 열린다. 문턱에 카이사르가 서 있다.

키 작은 비서는 거대한 남자의 탐색하는 듯한 시선 아래에서 얼어붙은 듯 서 있다. 삼 년 만에 처음으로 카이사르가 다시자신의 서재에 왔다! **그는 자신의 운명이 방금 문턱을 밟았다는 사실을** 예감하지 못한다.

카이사르는 문법 작업을 하기 위해서 온 것이 아니었다. 사실 그는 믿을 만한 사람을, 그러니까 이 궁전에서 발견되기 어려운 한 사람을 찾고 있다. 서재를 지나가면서 그에게 문헌 비서가 떠올랐다, 정치와는 무관한 젊은 남성. 그는 아마 매수되지 않았을지 모르지…….

경호원 두 명이 스카페르에게 무기가 있나 조사하고 밖으로 내쫓는다. 그는 자랑스럽게 그곳을 떠난다. 장래의 사위가 이 궁전에서 가장 말직이 아닌 것으로 보인다. 위대한 카이사르가 그를 찾으니, 유리한 징조이다.

라루스 역시 무기 검사를 받는다. 그러나 독재관은 곧 그에게 임무를 준다. 그는 우회로를 통해 어떤 스페인 은행가에게 가서, 카이사르의 동방 전쟁에 반대하는 의문의 세력이 시중 어디에 있는지를 물어보라는 것이다.

노병은 그 사이에 궁전 앞에서 젊은이를 기다리고 있다. 그가 나오지 않자 — 실제로 그는 뒷문을 이용한다 — 스카페르는 그곳을 떠나서 가족에게 유리하게 상황이 전환되고 있음을 알리려고 간다. 도중에 그는 모병사무소 한 곳을 지나간다. 젊은 청년들만 군 복무에 지원한다. 지원을 받아 대위가 되는 것이 더 좋을 것이다. 병사가 되기에 그는 이미 너무 나이가 많을지도 모른다.

그는 어슬렁거리며 몇 군데 술집으로 들어간다. 교외의 작은 여관에 도착했을 때, 그는 약간 취했다. 그는 아주 테렌티우스 스카페르 **대위가** 되어 아직도 나타나지 않은 루칠리아의 젊은이에게 분노를 돌린다. 이 높은 자리에 오른 비서 나리가 약혼자에게 인사할 시간이 없단 말인가? 이 가족은 무엇으로 살란 말이지? 적어도 삼백 세스테르티우스[고대 로마의 은화]가 곧 있어야 하는데? 루칠리아가 가죽 공장주를 찾아가서 그에게 돈 빌려오는 것을 승낙해야 할 텐데. 루칠리아는 울고 있다. 라루스가 오지 않는 것이 이해되지 않는다. 폼필리우스 나리는 주저하지 않고 삼백 세스테르티우스를 줄 것이나 거저 주지는 않을 것이다. 그녀의 아버지는 매우 화를 낼 것이다. 그 젊은 남자가 절대 "끌어당기지" 않는다는 것은 의심할 여지가 없다. 그의 볼기를 쳐주어야 한다. 그에게 의지하고 있다는 사실을 보여서는 안 된다. 루칠리아를 좋게 보는 다른 사람들이 있다는 것을 그가 알게 해야 한다. 루칠리아는 울면서 나간다, 계속 라루스가 오지 않나 하고 돌아보면서.

라루스는 이 시간에 다시 궁전으로 돌아온다. 그는 스페인 은행가로부터 기밀 서류를 받아서 카이사르에게 전달했다. 이제 그는 행정처에 선급을 받으러 간다. 그는 심한 충격을 경험한다. 돈을 받는 대신 심문을 받는다. 그는 어디에 갔었느냐? 독재관이 준 임무가 무엇이냐?라는 질문을 듣는다. 그는 대답을 거부하고 자신이 해고되었음을 알게 된다.

루칠리아가 더 성공적이다. 가죽공장 대리점에서 처음에는 물론 폼필리우스 나리가 체포되었다고 말하는 것을 듣는다. 흥분한 노예들이 아직도 이 믿을 수 없는 사건에 관해 이야기한다. 사장이 최근에 자주 독재관에게 적대감을 표현하며 분노했다고. 그때 폼필리우스가 미소 지으며 들어온다. "당연히" 그와 시중의 다른 나리들을 감옥에 잡아둘 수는 없었다. 그는 다행스럽게도 아직 경찰에 영향력이 있다. 카이사르 나리는 요즈음 그렇게 강력하지는 않고…….

라루스가 마침내 여관에 도착할 때 루칠리아는 아직 돌아오지 않는다. 노병은 기분이 언짢고, 가족은 루칠리아가 어디 있는지 말하려고 하지 않는다. 라루스는 삼백 세스테르티우스도 가져오지 못했다. 그는 자신이 해고되었다고 감히 말하지도 못하고, 작은 소리로 행정처에 들어갈 시간이 없었다고 말한다. 그리고 눈물 젖은 루칠리아가 와서 그의 팔 안으로 달려든다. 그러나 테렌티우스 스카페르는 특별히 배려하지 않는다. 그는 뻔뻔스럽게 루칠리아에게 구걸 갔던 일의 성과를 묻는다. 그녀는 라루스의 눈을 보지 않고 아버지에게 삼백 세스테르티우스를 건네준다. 라루스는 그 돈이 어디서 왔는지 스스로 알 수 있다. 루칠리아가 가죽 공장주에게 갔었다고!

불같이 화를 내며 이 젊은이는 노인의 손에서 돈을 낚아챈다. 자신이 그것을 내일 폼필리우스 나리에게 돌려줄 것이다. 늦어도 아침 여덟 시에는 루칠리아에게 충분한 돈을 가져다줄 것이다. 그다음에 아버지와 함께 궁전경비대 사령관에게 가서 대위 자리를 이야기해 볼 것이다.

노병은 불평하면서 그에게 동의한다. 세계의 지배자가 신뢰하는 사람에게는 공로가 많은 노병의 가족을 도와서 일어설 수 있게 하는 일이 어렵지 않을 것이니까…….

그러나 다음 날 아침 스카페르의 가족은 헛되이 라루스를 기다린다.

그는 이른 새벽에 카이사르에게 불려갔다. 독재관은 그와 함께 서재에서 오래전 몇 년 전에 행했던 연설문, 자신의 민주주의 강령을 펼친, 연설문을 꺼냈다. 그런 다음 비서로 하여금 교외로 가서 여러 민중 정치가들에게 가서 민주주의를 다시 도입하는 데 대해서 그들이 무어라고 말할 것인지 탐색하도록 했다. 게다가 독재관은 궁전경비대를 교체하고 전날 라루스를 심문했던 경비대장을 체포하라고 명령했다.

테렌티우스 스카페르는 앞일이 암담하다. 그는 딸의 약혼자를 더 믿지 못한다. 딸은 밤새도록 울고 나서 아버지와 어머니에게 분노를 터뜨리며 공장주가 자신에게 무엇을 요구했는지를 외쳤다. 어머니가 딸의 편을 들었다. 노병은 징병사무소에 가서 병사로 지원하는 것을 신청하기로 한다. 한참 주저한 후에 그는 가족에게 자신이 징병검사를 받기에 너무 늦은 것 같다고 고백한다. 가족들은 그가 젊어 보이도록 돕겠다고 한다. 루칠리아는 그에게 화장용 색연필을 빌려주고, 어린 아들은 그의 걸음 걸이를 살펴준다.

하지만 그가 그렇듯 어울리게 꾸미고 징병사무실에 도착하니 사무실은 잠겨 있다. 그 앞에 서 있는 젊은이들은 격앙하여 동방 원정계획이 취소되었다는 소문에 대해 말한다. 열 번이나 카이사르의 전쟁에 참여했던 노병은 의기소침하여 가족의 품으로 돌아오고 라루스가 루칠리아에게 보낸 편지를 본다. 편지에는 굉장한 사건이 눈앞에 와 있다고 적혀있다. 지금 법안이 하나 준비되고 있는데, 그 법에 의하면 노병들은 카이사르의 경작지와 국가의 지원금을 받게 된다는 것이다. 가족들은 기뻐서 정신을 못 차린다.

라루스의 편지는 아침에 쓰인 것으로, 테렌티우스 스카페르가 그 편지를 읽을 때는 이미 때가 늦은 것이다. 비서가 탐색해 본 결과 예전의 민중 정치가들은, 여러 해 동안 박해를 받았으므로 더 이상 카이사르의 정치적 장기 놀음을 믿을 수 없다.

라루스는 자신도 쫓기고 있음을 알고, 궁전으로 가서 주인을 찾았으나 헛수고였고 늦은 오후에야 비로소 서커스의 개들의 경주가 있는 경기장에서 그를 만난다. 궁전으로 가는 길에 그는 카이사르에게 충격적인 사실을 보고한다. 오랫동안 침묵한 뒤 갑자기 독재관이 빠진 엄청난 위험을 분명히 알게 되자 그는 절망적인 제안을 한다. 즉 카이사르에게 이날 밤 몰래 도시를 떠나서 브룬디시움으로 가서 그곳에서 배를 타고 알렉산드리아의 그의 군대가 있는 곳으로 가라는 것이다. 자신이 황소 수레를 준비하겠다고 약속한다. ― 독재관은 가마의 좌석에 몸을 파묻고 대답하지 않는다.

그러나 라루스는 이 도주를 준비하려고 결심했다. 황혼이 이 거대하고 불안한 소문으로 들끓는 로마 위에 가라앉고 있을 때, 라루스는 남문에서 문지기와 흥정하고 있다. 황소 수레가 자정이 지나서 통행증 없이 통과하도록 할 것이다. 그는 당직 경비에게 자신이 가진 돈을 모두 준다. 그것은 정확히 삼백 세스테르티우스이다.

아홉 시경 그는 여관의 스카페르 가족에게 나타난다. 그는 루칠리아를 포옹한다. 그는 가족들에게 테렌티우스와 단둘이 있게 해 달라고 부탁한다. 그리고 노병에게 가서 묻는다.

"카이사르를 위해서 무엇을 하시겠습니까?"

"소작 농장은 어찌 되나?" 스카페르가 묻는다.

"그 문제라면 끝났습니다." 라루스가 말한다.

"그러면 대위 자리도 역시 끝인가?" 스카페르가 묻는다.

"대위 자리도 역시 끝났어요." 라루스가 말한다.

"하지만 자네는 아직 그분의 비서지?"

"그렇습니다."

"그러면 그분을 만나나?"

"예"

"그런데 그분이 나를 위해 뭔가 해줄 수 있도록 움직일 수 없나?"

"그분은 이제 누구를 위해서도 뭘 할 수가 없어요. 모든 것이 파멸입니다. 그분은 내일 생쥐처럼 맞아 죽을지도 몰라요. 그러니, 그분을 위해 무엇을 하시겠습니까?" 비서가 질문했다.

노병은 의심쩍게 그를 응시한다. 위대한 카이사르가 끝났다고? 테렌티우스 스카페르가 도와야 할 정도로 그렇게 끝났다고?

"내가 어떻게 그분을 도울 수 있겠나?" 그는 목쉰 소리로 묻는다.

"제가 황소 수레를 대기시키겠다고 약속 했습니다." 비서는 침착하게 말한다. "자정까지 남문에서 그분을 기다리셔야 합니다."

"수레를 타고 가면 나를 통과시키지 않을 텐데."

"통과시킬 겁니다. 그 대가로 삼백 세스테르티우스를 주었어요."

"삼백 세스테르티우스? 우리 돈?"

"예."

노인은 한동안 화가 나서 그를 노려본다. 그러다가 반평생 훈련된 자의 불안감이 그의 시선에 들어온다. 그는 투덜거리면서 돌아선다.

그는 투덜거린다. "어쩌면 이 일이 다른 모든 일처럼 좋은 일일지도 몰라. 그분이 밖으로 나가면 복수할 수 있겠지."

그는 자기 삶의 태도로 돌아왔다. 즉 다시 **희망**을 품게 된다.

라루스에게는 루칠리아를 이해시키는 것이 더 어렵다. 그녀가 로마에서 그를 다시 만난 이후 단둘이만 있은 적이 없다. 그도 그녀의 아버지도 이 며칠 동안 그가 오지 못한 이유를 말해 주지 않았다. 이제야 그녀는 그것을 알게 된다. 자신의 젊은 약혼자는 카이사르와 함께 있다. 그는 세계를 지배하는 분이 유일하게 신임하는 사람이다.

하지만 그녀와 함께 십오 분 정도 대장간 골목에 있는 술집에 들어갈 수 있지 않겠나? 카이사르는 십오 분 정도 혼자 지낼 수 있지 않겠나?

라루스는 그녀를 데리고 대장간 골목으로 간다. 그러나 그들은 술집에 들어가지 못한다. 라루스는 갑자기 자신이 미행당하고 있음을 느낀다. 두 명의 어두운 그림자가 아침부터 자신이 가는 곳마다 따라온다. 그래서 사랑하는 연인들은 여관 앞에서 헤어진다. 루칠리아는 어머니에게 돌아가서 자기의 젊은 남자가 위대한 카이사르의 옆에 얼마나 가까이 있는지를 얼굴을 빛내며 설명한다.

그동안에 젊은이는 미행자를 따돌리려 하지만 소용없다.

그는 자정 전에 권력자들 가까이 간다는 것이 무엇을 의미하는지 알게 될 것이다.

열한 시 경 라루스는 궁전 안 광장에 다시 왔다.

흑인 부대가 궁전 경비를 맡았다. 군인들은 대부분 취했다.

서재 뒤쪽 자신의 작은 방에서 그는 미친 듯이 전날 스페인 은행가가 카이사르에게 전하라고 준 문서를 찾는다. 카이사르는 그것을 읽지 않았다. 이 문서에는 반역자들의 이름이 적혀있다. 그는 모든 이름을 발견한다. 브루투스, 카시우스, 로마의 모든 부잣집 도련님들, 그중의 많은 사람은 카이사르가 친구라고 생각하는 사람들이다. 카이사르는 이 문서를 꼭 읽어야 한다, 즉시, 이날 밤에. 카이사르가 테렌티우스 스카페르의 황소 수레를 타도록 그가 설득할 것이다.

그는 문서를 지니고 방을 나선다. 복도는 반쯤 어둡고, 맞은편 건물 쪽에서 취한 노래가 들려온다. 접견장 입구에 거대한 흑인 두 명이 경비를 서고 있다. 그들은 통과시키려 하지 않는다. 그가 무슨 말을 하는지 이해하지 못한다.

그는 다른 방향으로 시도해 본다, 궁전은 거대하다. 여기서도 흑인 경비들이 통과시키지 않는다. 그는 여러 복도와 안마당을 지나 창문으로 들어가 보려 하지만 모두 잠겨 있다. 지쳐서 자신의 방으로 돌아오면서 멀리 복도 아래쪽에서 한 남자의 어깨를 보았다고 생각한다. 추적자 중 한 사람이다.

두려움에 사로잡혀 그는 자신의 방으로 달려가 문을 잠근다. 그는 불도 켜지 않고 창문으로 마당을 내다본다. 자신의 방 창문 앞에는 두 번째 추적자가 앉아 있다. 식은땀이 흐른다.

그는 오랫동안 귀를 기울이며 어두운 방에 앉아 있다. 한 번은 문 두드리는 소리가 난다. 라루스는 열지 않는다. 그래서 그는 그 남자를, 잠시 기다리다가 그의 문 앞을 떠나는 남자, 카이사르를 보지 못한다

자정부터 테렌티우스 스카페르는 남쪽 문 앞에서 황소 수레를 세우고 있다. 노병은 아내와 아이들에게 자기가 수송을 맡아 며칠 동안 로마를 떠나 있을 거라고 간단히 전했다. 루칠리아와 그 어머니에게는 라루스한테 가라고 하고 그가 그들을 보살펴 줄 거라고 했다.

그러나 이날 밤 아무도 황소 수레를 타려고 남문 앞에 오지 않는다.

3월 15일 새벽 독재관은 보고를 받는다, 그의 비서가 지난

밤 궁전에서 살해되었다고. 반역자들의 이름이 적힌 문서는 사라졌다. 카이사르는 거기에 적힌 이름의 인물들을 이날 오전 위원회에서 만날 것이고 그들의 단도에 찔려 무너질 것이다.

황소 수레 한 대가 한 늙은 병사이자 파산한 소작인에게 끌려서 시외에 있는 여관으로 다시 굴러갈 것이다. 거기서는 가족이 기다리고 있을 터이고, 위대한 카이사르는 이 가족에게 삼백 세스테르티우스의 빚을 지고⋯⋯.

쿠잔―불락의 양탄자 직공들이 레닌을 기리다[19]

1

레닌 동지는 자주 존경을 받고 호화롭게 기념되었다

흉상들도 많고 입상들도 있다.

여러 도시가 그 이름을 따서 개명되고 아이들 이름도 그렇게 지

었다.

그의 연설은 여러 나라 언어로 행해지며,

집회와 시위들을 일으킨다

상해에서 시카고에 이르기까지, 레닌에게 영광을 돌리려 한다.

그러나 투르키스탄 남부의 작은 마을,

쿠잔―불락의 양탄자 직공들은

다음과 같이 레닌을 기념했다.

---

19 이 시는 1929년에 쓰였고, 1939년 스벤보르 시집에 실렸다가 1949년에 《달력
이야기》에 포함되었다.

그곳에서 양탄자 직공 스무 명이 저녁 때

열병으로 몸을 떨며 빈약한 직조 의자에서 일어선다.

열병이 돌고 있다. 기차역은

모기떼의 윙윙거리는 소리와 두꺼운 연기구름으로,

오래 된 낙타 묘지 뒤쪽 늪지대에서 올라오는 구름으로 차 있다.

이 주일마다 물과 연기를 실어다 주는

기차는 어느 날 다음과 같은 소식을 전달한다.

즉 레닌 동지의 기념일이 얼마 남지 않았다고,

그래서 쿠잔—불락 사람들,

양탄자 직공들, 가난한 사람들은

자신들의 마을에서도 레닌 동지를 위해

석고 흉상 하나를 세우기로 한다.

그러나 흉상을 위한 모금을 할 때,

모두 서서

열병으로 몸을 떨며

자신들이 힘들게 벌어온 코페이카[20]를 날랜 손으로 내민다.

그리고 붉은 군대의 병사 스테파 가말레프는

---

20 구소련의 소화폐. 100분의 1루블.

조심스럽게 세어보고 정확히 살펴보면서
레닌을 기념하려는 각오가 있음을 보고 기뻐한다.
그러나 좀 불확실한 손들도 본다.
그러더니 그는 갑자기 제안한다,
흉상 세울 돈으로 석유를 사서
낙타 묘지 뒤에 있는 늪에다 부으라고,
그곳에서 열병을 발생시키는
모기들이 오고 있으니까.
그러니까 쿠잔―불락에서는 열병과 싸우라고
그것도 죽었으나 잊을 수 없는
레닌 동지를 기념하기 위해서.
그들은 그렇게 결정했다. 기념일에 그들은
검은 석유가 가득 찬 찌그러진 석유통들을 날랐다,
한 사람씩 차례차례로,
멀리 나가서 그것을 늪지대에 쏟아 부었다.

그렇게 레닌을 기념하면서 유용한 일을 했다,
그들은 유용한 일을 하면서 그를 기렸고
그를 이해했다.

2

우리는 쿠잔―불락 사람들이
어떻게 레닌을 기념했는지 들었다. 그날 저녁
석유를 사서 늪에다 쏟아 부었을 때,
모임에서 한 남자가 일어서서 요청했다,
기차역에 판자를 세우고
이런 과정을 보고하자고,
계획을 변경하여 레닌의 흉상을 열병 퇴치를 위한 석유로 바꾸
었다는 내용을 포함하도록.
그리고 그 모든 것이 레닌을 기리기 위한 것이라고.
그래서 그 내용도 더 포함시켰다
그리고 표지판을 세웠다.

라 시오타의 병사[21]

일차 대전 후에 우리는 프랑스 남부의 작은 항구 도시 라 시오타의 광장 장터에서 열린 배 경주 축제에서 프랑스 병사의 청동 입상을 보았다. 주위에 사람들이 몰려와 있었다. 우리는 가까이 가서 그것이 살아 있는 인간임을 알았다. 그는 흙빛의 갈색 외투를 입고 움직이지 않고, 머리에는 철모를 쓰고, 팔에는 총검을 들고 뜨거운 유월의 태양 아래서 돌로 된 받침대 위에 서 있었다. 그의 얼굴과 손은 청동빛으로 색칠되어 있었다. 그는 어떤 근육도 움직이지 않고, 눈썹도 한 번도 꿈쩍거리지 않았다.

그 발아래 받침대 옆에는 판지 한 장이 기대어 있었는데 거기서 다음과 같은 구절을 읽을 수 있었다.

---

21 브레히트는 이 작품을 1929년에 쓰기 시작하여 1935년에 완성하고, 덴마크에서 망명하던 1937년에 발표하였다. 처음에 《스벤보르의 시집》에 실렸다가 후에 1949년에 《달력 이야기》에 포함되었다.

인간 입상
(Homme Statue)

저, 샤를 루이 프랑샤르는 베르당 전투의 결과로 특별한
능력을 얻게 되었습니다. 전혀 움직이지 않고 굳어서 원
하는 시간 동안 입상처럼 있을 수 있는 능력입니다. 이러
한 저의 기술은 많은 교수가 검사하여 해명할 수 없는 질
병이라고 명명했습니다. 제발 일자리 없는 가장에게 한
푼 적선해 주십시오!

우리는 판자 옆에 놓여 있는 접시에 동전 한 푼 던지고 머리
를 절레절레 흔들면서 계속 걸었다.

그는 여기 서 있구나, 우리는 생각했다. 이빨까지 무장하고,
수천 년 동안 파괴되지 않고, 역사와 함께 만들어진 그는, 우리
가 교과서에서 읽었던 알렉산드로스, 카이사르, 나폴레옹의 그
모든 위대한 행위들을 가능케 했던 그다. 바로 그 사람이다. 그
는 눈썹도 꿈쩍하지 않는다. 그는 키루스 대왕의 사수이고, 사

막의 모래도 그를 완전히 묻어버릴 수 없었던 캄비세스 대왕의 전차 조종사, 카이사르의 병사, 칭기즈칸의 창기병, 루이 14세의 스위스 용병, 나폴레옹 1세의 보병이다. 그는 아무것도 알아챌 수 없도록 그렇게 비범한 능력을 갖춘 것이 아니다. 가능한 파괴의 모든 도구들이 그에게 실험을 가한다면, 사람들이 그를 죽음으로 내보낸다면, 돌처럼, 감각 없이 (그가 말한다), 그대로 머물러 있다고 한다. 석기 시대, 청동기 시대, 철기 시대 등 여러 시대의 창들에 찔리고, 아르탁세륵세스(페르시아의 왕)의 전차와 루덴도르프(독일의 장군)의 전차에 치이고, 한니발의 코끼리들에게 짓밟히고, 아틸라의 기병들에게 짓밟히고, 수 세기에 걸쳐 점점 더 완전해지는 화포에서 날아오는 쇳덩어리에 맞아 부서지고, 투석기에서 날아오는 돌덩어리들에도 부서지고, 비둘기 알처럼 큰 총알과 벌처럼 작은 총알에 맞고 그는 거기 서 있다. 파괴되지 않고, 언제나 새롭게, 여러 나라 언어로 명령을 받지만, 언제나 왜 그런지 무엇을 위해서인지 알지 못한다. 자신이 정복한 땅은, 미장이가 자신이 지은 집에 살지 않듯이, 자신이 소유하는 것이 아니다. 자신이 방어한 땅의 약간은 아직 그에게 속했다. 그의 무기나 제복도 그의 것이 아니다. 그러나 그는 서 있다, 위에서는 비행기에서 내리는 죽음의 비와 성벽에서 내려오는 불타는 역청을 맞고, 아래로는 지뢰와 함정, 주위에는 페스트와 화학무기(일차 대전 때 사용되었던), 던지는 창과 활을 위한 통통한 화살 통, 목표지점, 장갑차의 진창, 가스버너, 앞에는 적이요 뒤에는 장군이라! 그를 위해 갑옷과 속옷을 짜주고 투구를 만들어 주고 장화를 재단해주었던 많은 손이여! 그에 의해 채워진 무수한 주머니들! 세상의 헤아릴 수 없이 수많은 언어로 외치는 외침들이 그를 응원했다. 그를 축복하지 않았던 신은 없다! 끔찍한 인내의 병에 걸려서 치유할 수 없는 무감각증으로 속이 텅 빈 그를!

이 무슨 몰락인가. 우리는 생각했다, 그가 이런 병에 걸린 것은? 이 무시무시하고 끔찍하고, 그렇게 널리 전염되는 이 병은?

그 병은 치유되어야 하지 않을까, 우리는 스스로 질문해 본다.

책 읽는 어느 노동자의 질문[22]

테베[23]의 일곱 성문을 누가 건설했나?
많은 책에는 왕들의 이름이 적혀있다.
그 왕들이 바윗덩어리를 끌어왔나?
그리고 여러 차례 파괴당한 바빌론,
누가 그것을 그렇게 여러 번 재건했나?
황금빛으로 빛나는 리마의 어떤 집에서 건설노동자들이 살았나?
만리장성이 완성되던 날 저녁에
석공들은 어디로 갔는가? 위대한 로마는
개선문으로 가득 차 있다. 카이사르들은

---

22 이 시는 1935년 덴마크 망명 시기에 쓰였다. 1936년 모스크바의 잡지에 실렸고, 1944년 미국에서 망명 시집으로 발표되었다가, 1949년에 《달력 이야기》에 실렸다.

23 고대 그리스의 도시국가.

누구를 이기고 돌아왔는가? 많은 사람이 찬탄하는 비잔츠[24]는

국민들을 위해서 궁전들만 지었나? 전설상의 아틀란티스 섬에

서조차

바다가 그 섬을 덮치던 밤에

익사하던 자들은 그들의 노예들을 향해 소리를 질렀다.

젊은 알렉산드로스는 인도를 정복했다.

자기 혼자서?

카이사르는 갈리아 인들을 제압했다.

그는 적어도 요리사 한 명은 곁에 두지 않았겠나?

스페인의 필립 왕은 그의 함대가

침몰했을 때 울었다. 그밖에 아무도 안 울었나?

프리드리히 2세는 칠 년 전쟁에서 승리했다. 그 외에

누가 승리했나?

모든 페이지마다 승리가 나온다.

승리의 향연을 위해 음식은 누가 했나?

매 십 년마다 위대한 인물이 나온다.

그 큰 비용은 누가 냈나?

---

24 이스탄불의 옛 명칭.

보고도 그리 많고,

질문도 그리 많다.

부상당한 소크라테스[25]

소크라테스는 산파의 아들로서, 아주 쉽고 훌륭한 대화로 그리고 노골적인 농담을 통해서 제자들이 멋진 사상을 출산할 수 있도록 도왔고, 다른 선생들이 하듯 사생아들을 남에게 떠맡기지 않고, 자신의 자식들과 함께 부양한 사람으로 모든 그리스 사람 중 가장 총명한 사람이었을 뿐 아니라 가장 용감한 사람으로도 여겨졌다. 그 용감성에 대한 명성은 플라톤을 읽어 보면 아주 정당한 듯이 보인다. 즉 시민들을 위해 달성한 그의 업적에 대해 상부 기관이 종지부를 찍게 한 독배를 그가 얼마나 꿋꿋하고 깔끔하게 비웠는지를 보면 알 수 있다. 그러나 그를 경탄하

---

25 이 이야기의 초고는 1938년 덴마크 망명 중에 썼으나, 1949년 다른 작품과 함께 출간되었다. 브레히트는 플라톤의 《향연》에서 소크라테스가 용감한 전사로 묘사된 것에 착상하였고, 또 게오르크 카이저의 희곡 《구출된 알키비아데스》에서 가시－모티브를 수용하였다.

는 자들 중 몇몇은 전쟁터에서 보여준 그의 용감성에 관해서도 이야기할 필요가 있다고 생각했다. 실제로 그는 델리온 근처에서 있었던 전투에 참여했다, 그것도 허술하게 무장한 보병부대에서. 그는 구두 제조공이라는 사회적 지위로 보나, 철학자로서 받는 수입으로 보나 좀 더 고급스럽고 값비싼 중무장 부대에는 들어가지 못했다. 그러나 그의 용감성은 특별한 방식으로 나타났다고 생각할 수 있다.

소크라테스는 전투가 있던 날 아침 이 유혈의 임무를 최대한 준비했다. 그는 양파를 씹고 갔는데 군인들은 그것이 용기를 북돋게 한다고 생각했다. 그는 여러 다양한 분야에 대해서 회의심을 가졌으나 또 다른 여러 분야에 대해서는 쉽게 믿는 성향이 있었다. 그는 억측하는 것에는 반대했고 실제의 경험을 중시했다. 그래서 그는 신들은 믿지 않았지만 아마 양파는 믿은 것 같았다.

소크라테스는 애석하게도 근본적인 효과, 어쨌든 즉각적인 효과는 느끼지 못하고, 우울한 기분으로 칼을 찬 분대에 끼어서 터벅터벅 걸어갔는데, 그 부대는 어딘가 벼를 베고 난 그루터기 밭에서 일렬종대로 진입하였다. 그의 앞뒤에서는 근교 도시에서 온 아테네의 젊은이들이 비척거리며 걸었다. 아테네의 병기창에서 준 방패가 그와 같이 뚱뚱한 사람에게는 너무나 작게 만들어졌음을 그들은 그에게 일깨워 주었다. 그도 같은 생각을 하였다. 다만 그가 생각한 것은 우스꽝스럽도록 좁은 방패가 몸의 반도 가려지지 않는 '넓은' 사람들이었다.

그의 앞사람과 뒷사람 사이에서 큰 무기 제작소가 너무 작은 방패를 만들어서 얻게 될 이익에 대해 생각을 교환하는 목소리가 오가다가 '앉아' 하는 명령으로 중단되었다.

모두 그루터기 바닥에 앉았다, 대위 하나가 제대로 하라고 가리켰다, 그가 방패 위에 앉으려고 했기 때문이다. 질책보다 더 불안하게 했던 것은 숨죽인 목소리였다. 적이 근처에 있다고 추측하는 것 같았다.

우윳빛으로 부연 아침 안개가 시야를 모두 막았다. 하지만 발걸음 소리와 덜컥거리는 무기 소리가 이 평원이 점령되었음을 암시했다.

소크라테스는 그 전날 저녁 귀족 청년 하나와 가졌던 대화를 기억하고 기분이 언짢았다. 비밀리에 한 번 만난 기병대 장교였다.

"아주 탁월한 계획이지요!"하고 그 젊은 멋쟁이는 설명했다. "보병은 아주 단순하고, 충성스럽고 우직하게 저 앞쪽에 서서 적의 공격을 막지요. 그사이에 기병대는 골짜기로 나아가서 적의 후방을 치는 거고요."

골짜기는 상당히 멀리 오른쪽 어딘가 안개 속에 있을 것이다. 그쪽으로 지금 기병대가 나아가고 있겠지.

그 계획이 소크라테스에게는 좋아 보였거나 어쨌든지 나쁘지는 않아 보였다. 언제나 많은 계획은 세워지는 것이고 특히 힘이 적군과 비교해 열세에 있을 때 말이다. 그들은 실제로는 그냥 싸웠다. 즉 마구 내려쳤다는 뜻이다. 그리고 계획된 대로 앞으로 나가지 못했고 적군이 허용한 곳까지만 갔다.

희뿌연 아침 햇빛 속에서 그 계획은 이제 소크라테스에게 아주 비참하게 여겨졌다. 그것이 무슨 뜻인가. 보병이 적군의 공격을 막는다고? 일반적으로 사람들은 공격을 피할 수 있으면 기뻐한다. 그런데 지금 공격을 막는 데에 기술이 있어야 한다니! 장수 자신이 기수라는 사실은 아주 좋지 않았다.

단순한 남자에게 필요한 만큼의 많은 양파는 시장에 없었다.

그리고 이렇게 이른 아침에, 침대에 누워있지 않고 전쟁터에서 맨바닥에 앉아, 적어도 십 파운드나 되는 쇳덩어리를 몸에 두르고 전투용 칼을 손에 들고 앉아 있다는 것은 얼마나 부자연스러운 일인가! 도시가 공격을 받았을 때, 도시를 방어해야 했다는 것은 정당했다. 그렇지 않으면 도시가 곤경에 빠졌을 테니까. 하지만 도시는 왜 공격을 받았나? 소아시아의 선주들과 포도밭 소유주들과 노예상들이 페르시아의 선주들과 포도밭 소유주들과 노예상들을 방해했기 때문이었다! 멋진 이유였다!

갑자기 모두 얼어붙은 듯 앉아 있었다.

왼쪽 안개 속에서 둔탁한 외침이 들렸고 금속성 소리도 들렸다. 그 소리는 상당히 빨리 퍼져나갔다. 적군의 공격이 시작되었다.

부대는 일어섰다. 사람들은 두 눈을 부릅뜨고 안개 속을 응시했다. 옆으로 열 걸음쯤 떨어진 곳에서 한 남자가 무릎을 굽히고 넘어지더니 신들을 부르며 외쳤다. 너무 늦었어, 소크라테스에게는 그렇게 보였다.

갑자기, 대답처럼, 오른쪽 먼 곳에서 끔찍한 외침이 이어졌다. 살려달라는 외침이 죽음의 외침으로 넘어간 듯했다. 안개 속에서 소크라테스는 작은 쇠뭉둥이가 날아오는 것을 보았다. 투창이었다!

그리고 안개 속에서 불분명하지만, 앞쪽에 거대한 무리들이 나타났다. 적군이었다.

소크라테스는, 너무 오래 기다렸다는 인상에 압도되어, 무거운 몸을 돌려서 달리기 시작했다. 갑옷과 무거운 정강이받이가 상당히 걸리적거렸다. 이것들은 벗어버릴 수가 없어서, 방패보다도 훨씬 더 위험했다,

숨을 헐떡거리며 철학자는 그루터기 밭을 넘어 달렸다. 그가 충분히 건너뛰기를 잘하느냐에 모든 것이 달려 있었다. 뒤에 있는 용감한 젊은이들이 한동안 공격을 막아주기만 바랄 뿐이었다.

갑자기 심한 통증이 그의 몸을 뚫고 지나갔다. 왼쪽 발뒤꿈치가 타는 듯 아파서, 도대체 견딜 수 있을까 하는 생각이 들었다. 그는 신음하며 바닥에 털썩 주저앉았으나, 또 다시 아파서 소리를 크게 질렀다. 혼미한 눈으로 그는 주위를 둘러보고 모든 것을 알아차렸다. 가시밭에 들어선 것이다!

그곳은 아주 뾰족한 가시나무 울타리가 나지막하게 엉켜있는 곳이었다. 발에 가시가 박힌 것이 틀림없다. 조심해서 눈물나는 눈으로 바닥에 앉을 만한 곳을 찾았다. 성한 발로 껑충거리면서 한 바퀴 돌았고 두 번 만에 앉을 수 있었다. 빨리 가시를 빼내어야 했다.

그는 긴장하여 전투의 소음에 귀를 기울였다. 그는 양쪽 편에서 상당히 떨어져 있었지만, 앞쪽으로 적어도 백 보는 더 가야 했다. 어쨌든 가까워지는 듯 보였다, 천천히 그러나 눈에 뜨이지 않게.

소크라테스는 샌들을 벗을 수 없었다. 얇은 가죽 바닥을 뚫고 가시가 살에 깊이 박혀 있었다. 적으로부터 고향을 방어해야 하는 군인들에게 어떻게 이렇게 얇은 신발을 줄 수 있단 말인가! 샌들에 스칠 때마다 타는 듯한 아픔이 뒤따랐다. 가엾은 남자는 지쳐서 주저앉았다. 이제 어쩐다?

그의 침침한 눈에 옆에 있는 검이 들어왔다. 한 가지 생각이 머릿속에서 번득였다, 논쟁할 상대보다 더 반가웠다. 이 검을 단도처럼 사용할 수 있겠지? 그는 검을 잡았다.

이 순간에 둔탁한 걸음 소리가 들렸다. 작은 부대가 수풀 속으로 들어왔다. 신들이여, 감사합니다, 그들은 아군이었다! 그들은 몇 초 동안 멈춰 서서, 그를 보더니, "제화공이야"라고 말하는 것이 들렸다. 그리고 계속 가 버렸다.

하지만 그들 왼쪽에서도 역시 소음이 났다. 그리고 거기서는 외국어로 명령하는 소리가 났다. 페르시아 군인들이었다!

소크라테스는 다시 일어나 보려고 했다. 성한 다리로 말이다. 검에 의지했다. 좀 짧았지만. 그리고 왼쪽 작은 숲속 공지에서 뒤엉켜 싸우는 무리들이 나타나는 것을 보았다. 그는 신음 소리와 쇠붙이 소리, 쇠붙이나 가죽을 내리치는 둔한 소리를 들었다.

절망적으로 껑충거리며 그는 건강한 다리로 뒤로 물러섰다. 부상당한 발로 억지로 일어섰다가 신음 소리를 내며 주저앉았다. 싸우는 무리들이, 그리 많지는 않아 이삼십 명쯤 되었는데,

그들이 몇 보 떨어지지 않은 곳에 가까이 왔을 때, 철학자는 가시덤불 사이에 엉덩이를 깔고 앉아서 절망적으로 적을 마주 보고 있었다.

움직이는 것은 불가능했다. 축구 도중에 이런 고통을 단 한 번이라도 더 겪지 않는다면 무슨 일을 해도 좋을 것 같다. 그는 무얼 할지 몰랐다, 그러다가 갑자기 소리 지르기 시작했다.

정확히 표현하자면, 그는 자신이 소리 지르는 것을 들었다. 자신의 흉곽으로부터 확성기를 타고 나오듯 내지르는 소리를 들었다.

"이쪽이다, 삼 대대! 놈들에게 쓴맛을 보여줘라, 장병들!"

그와 동시에 그는 자신이 검을 잡고 원을 그리며 휘두르는 것을 보았다, 그의 앞쪽 덤불에서 창을 든 페르시아 군인이 나와 서 있었기 때문이다. 그 창은 옆으로 날아갔고 병사도 함께 딸려갔다.

그리고 소크라테스는 자신이 두 번째로 소리치며 말하는 것을 들었다,

"한 발짝도 물러서지 마라, 장병들이여! 이제 우리가 잡으려던 놈들을 잡았다, 개자식들! 크라폴루스, 육 대대와 전진해라! 눌로스, 우측으로! 후퇴하는 놈은 산산조각 나도록 찢어발기겠다!"

자기 옆을 보니 놀랍게도 아군 두 명이 있었고, 그들은 놀라서 그를 빤히 쳐다보고 있었다. "소리쳐" 그는 낮은 소리로 말했다, "제발 소리 좀 질러!"

한 사람은 두려워서 턱이 벌어졌으나, 다른 사람은 정말로 소리를 질렀다, 무슨 소리인가를. 그들 앞에 있던 페르시아 군인은 힘들게 일어나더니 수풀 속으로 달려갔다.

숲속 빈터에서 열두어 명 되는 지친 군인들이 비틀거리며 왔다. 페르시아 군인들은 으르렁대는 소리에 도주하고 말았다. 그들은 배후가 있다고 두려워한 것이다.

"여기 무슨 일이요?"하고 소크라테스의 고향 사람 하나가 물었다. 소크라테스는 아직도 바닥에 앉아 있었다.

"아무 일도 아니요" 그는 대답했다. "거기 서서 날 쳐다보지 말고, 이리저리 뛰면서 명령을 내려요, 그래야 우리가 얼마나 소수인지 저편에서 알지 못할 거요."

"우리는 돌아가는 게 좋겠소." 그 남자가 머뭇거리며 말했다.

"한 발짝도 안 돼." 소크라테스는 항의했다. "당신들 겁쟁이요?"

그런데 그런 말은 공포에 찬 군인에게는 충분치 않고 행운이 있어야 할 때인데, 갑자기 상당히 먼 곳에서지만, 아주 분명히 말발굽 소리와 거칠게 외치는 소리가 들렸다, 그리고 그 외침은 그리스 말이었다. 누구든지 이날 페르시아 군이 얼마나 참패했는지 알고 있다. 페르시아의 항복으로 전쟁[26]은 끝났다.

알키비아데스가 기병대 선봉에서 이 가시밭을 지나면서, 한 무리의 보병들이 뚱뚱한 남자를 어깨에 메고 가는 것을 보았다.

그는 말을 멈추고 소크라테스를 알아보았다, 그리고 군인들은 그가 흔들리지 않고 저항해서 동요하는 전열을 바로 잡았다고 설명했다.

그들은 승리를 외치며 그를 보급부대까지 메고 갔다. 거기서 그는, 저항했음에도 불구하고, 군량 수송 마차에 태워져서, 땀을 비 오듯 흘리며 흥분해서 외치는 군인들에 둘러싸여 수도로 돌아왔다.

사람들이 그를 어깨에 메고 그의 작은 집으로 데려다주었다.

그의 아내 크산티페가 콩죽을 끓여주었다. 화덕 앞에 무릎을 꿇고 두 볼 가득 부풀려 불을 지피면서 아내는 이따금 그를 바라보았다. 그는 동료들이 앉혀 준 의자에 아직 그대로 앉아 있었다.

---

26 기원전 424년의 델리온 전투.

"당신한테 무슨 일이 있었던 거예요?" 그녀는 심술궂게 물었다.

"나한테?" 그는 중얼거렸다, "아무 일도 없었소."

"그럼 그 영웅적 행동이라는 소문은 뭐예요?" 그녀는 알고 싶었다.

"과장이요." 그는 말했다, "죽 냄새가 아주 좋군."

"아직 불도 안 붙였는데, 죽 냄새가 어떻게 나요? 또 무슨 광대 같은 일을 벌였죠, 안 그래요?" 아내는 화가 나서 말했다. "내일 아침 빵을 사러 가면 또다시 웃음거리가 될 수도 있어요."

"절대 바보짓을 안 했소. 난 싸웠소."

"술 취했었어요?"

"아니. 난 그들이 물러설 때 서라고 정지시켰소."

"당신 자신도 멈출 수 없으면서," 화덕에 불길이 일었으므로, 그녀는 일어나면서, "상 위에 있는 소금 통 좀 주세요."

"모르겠어" 그는 천천히 생각에 잠겨 말했다, "아무것도 안 먹는 것이 좋지 않나 모르겠네. 위가 좀 상했거든."

"그러게, 내가 말했잖아요, 당신은 너무 마셨다고. 한 번 일어서서 방 안을 걸어 봐요, 그럼 알 수 있어요."

그녀의 부당한 태도에 그는 씁쓸했다. 하지만 그는 어떤 일이 있어도 일어나서 자신이 발 디딜 수 없다는 것을 보여주지 않으려고 했다. 아내는 엄청나게 똑똑해서 그에 대해서 무언가 불리한 점을 끌어낼 수도 있었다. 그리고 전투에서 자신이 저항했던 깊은 이유가 밝혀진다면 그것은 불리한 점이었다.

아내는 화덕 위의 냄비 속을 계속 휘저으면서 그사이에 자신이 생각한 것을 말했다.

"난 당신의 귀족 친구들이 당신을 위험하지 않은 곳, 취사장 같은 곳으로 배치했다고 믿었어요. 그건 부당한 특혜나 다름없지만요."

그는 괴로워하면서 작은 창으로 골목을 내다보았다. 그곳에서는 승리를 축하하고 있었다.

그의 귀족 친구들은 그런 일을 해주려고 시도도 하지 않았고, 그 자신도 아무런 조건 없이 그런 일을 받아들이지도 않았을 것이다.

"아니면 제화공이 함께 행군한다는 것을 아주 정상이라고 본 건가요? 당신을 위해 손가락 하나 까딱하지 않는다고요. '저 사람은 제화공이니, 제화공으로 있어야지.'라고 그들은 말하겠지요. '그렇지 않으면 우리가 어떻게 그 지저분한 방에 가서 몇 시간이고 함께 떠들고 세상 얘기를 들을 수 있겠나. 좀 보게, 그가 제화공이든 아니든 간에 이 귀한 사람들이 그와 함께 앉아서 함께 궤변을 논하며 좋아하지 않나. 지저분한 무리같으니라고.' 그러겠지요"

"그건 공포를 좋아한다는 뜻이요." 그는 무심하게 말했다.

아내는 다정하지 않은 시선을 보냈다.

"언제나 날 가르치려 들지 말아요. 내가 무식하다는 건 알아요. 그렇지 않다면, 당신에게는 가끔 발 씻을 물 대야를 대령할 사람이 아무도 없을걸요."

그는 흠칫 놀라서 그녀가 눈치 채지 않았기를 바랐다. 오늘은 어떤 일이 있어도 발을 씻을 수 없었다. 신들이여 감사합니다, 아내는 벌써 연설을 계속하고 있었다.

"그러니까 당신은 취하지도 않았고 위험하지 않은 곳에 배치도 받지 못하였고. 그러면 당신은 백정처럼 행동했을 게 틀림없어요. 당신 손에 피를 묻힌다고요? 내가 거미 한 마리만 밟아 죽여도 소리소리 지르는 양반이. 당신이 정말로 병사들을 정지시켰다는 걸 믿는 건 아니지만, 그래도 무언가 교활한 일이, 뒷전에서 일어났을 거야, 그러니까 사람들이 당신의 어깨를 쳐 주는 거지요. 하지만 무슨 일인지 알아낼 거예요, 믿어 봐요."

수프가 다 끓었다. 냄새가 유혹적이었다. 아내는 옷자락으로 냄비 손잡이를 잡고 그것을 들어서 식탁 위에 올려놓고 휘저어서 뜨기 시작했다.

그는 자신의 식욕을 되찾아 볼까 하고 생각했다. 그러려면 식탁까지 가야 한다는 생각이 그를 제때 붙들었다.

기분이 안 좋았다. 그는 이 사건이 아직 지나가지 않았다는 걸 분명히 느꼈다. 다음 순간에 분명히 여러 가지 불쾌한 일이 있을 것이다. 페르시아와 한 번의 전쟁을 끝낸 게 아니고 끝내지 않은 것이 있다. 이제, 첫 번째 승리의 환호 속에서는 물론 공로가 있는 사람을 생각하지 않았다. 사람들은 자신의 명예로운 행동을 떠벌리느라고 전력을 쏟을 것이다. 그러나 내일이나 모레가 되면 모두가 동료에게 모든 명성이 돌아가야 하고 그를 끌어내려고 할 것임을 알게 될 것이다. 그런데 원래의 으뜸 영웅이 제화공이었다고 선언한다면, 많은 사람이 너무 많은 사람을 비난할 수 있다. 어차피 사람들은 알키비아데스를 좋아하지 않았다. 기쁨에 들떠서 사람들이 그에게 외칠 것이다, 당신이 전투에서 이겼다고 하지만 제화공 한 사람이 싸워서 이긴 것이라고.

발에 박힌 가시가 유난히 아팠다. 샌들을 곧 벗지 않으면 패혈증이 될 수도 있다.

"그렇게 쩝쩝대지 말아요." 그는 정신 나간 듯이 말했다.

아내는 숟갈을 입에 넣은 채 멈췄다.

"내가 어쩐다고요?"

"아무것도 아니야!" 그는 깜짝 놀라 성급히 다짐했다. "방금 생각 중이었소."

그녀는 화가 나서 일어나, 냄비를 화덕 위에 내 던지고 밖으로 나갔다.

그는 안도의 한숨을 깊이 내쉬었다. 성급하게 의자에서 일어나는 작업을 하고, 겁먹은 듯 주위를 둘러보며 뒤쪽에 있는 침상으로 껑충거리며 걸어갔다. 아내가 외출하려고 솔을 가지러 다시 들어왔을 때, 남편이 가죽으로 엮은 해먹 위에 꼼짝하지 않고 누워있는 것을 의심스러운 듯 바라보았다. 아내는 잠깐 그에게 뭔가 불편한 일이 있나 보다 하고 생각했다. 물어볼까 하고 생각까지 했다. 아내는 그에게 아주 헌신적이었으니까. 하지만 그녀는 좋은 쪽으로 생각하고 중얼거리며 방을 떠나 이웃 여자와 함께 축제를 구경하러 갔다.

소크라테스는 불안하게 잠을 잤고 걱정에 가득 차서 잠을 깼다. 샌들은 벗었으나 가시는 빼내지 못하였다. 발은 아주 많이 부었다.

그의 아내는 오늘 아침에는 덜 심하게 굴었다.

전날 밤 온 도시가 남편에 대해 이야기하는 것을 들었다. 사람들에게 그렇게 큰 감명을 주었으니, 정말로 무슨 일이 일어났음이 틀림없었다. 남편이 페르시아군의 전체 전열을 막아냈다고 하는 사실이 물론 그녀 머릿속에 들어오지 않았다. 그가 아니었을 거야, 그녀는 생각했다. 그는 여러 질문으로 전체 토론장을 멈추게 할 수는 있었다. 그래, 그것은 할 수 있었다. 하지만 전쟁은 아니야. 그러니 무슨 일이 있었던 거야?

아내는 정말 알 수 없어서, 그에게 염소젖을 침상으로 갖다주었다.

남편은 전혀 일어설 기색을 안 보였다.

"밖으로 나가지 않을 거예요?" 그녀가 물었다.

"생각 없소." 그는 툴툴댔다.

그런 식으로 아내의 공손한 질문에 대답하는 것은 아닌데, 하지만 그녀는 아마 그가 사람들 시선에 노출되는 것을 꺼리나 보다 하고 생각했다. 그래서 그런 대답은 통과시켰다.

이른 오전부터 벌써 방문객들이 왔다.

그들은 몇몇 젊은이들로, 부유한 부모를 둔 아들들이었고 그들과의 교제는 일상적이었다. 그들은 언제나 그를 스승으로 대접했고, 몇 사람은 그가 하는 말이 마치 아주 특별한 것인 듯 받아 적기도 했다.

오늘은 그들이 곧 보고했다, 아테네가 그에 대한 칭송으로 가득 찼다고. 이날은 철학의 역사적인 날이라고. 위대한 관찰자는 위대한 행동가도 될 수 있다는 것을 소크라테스가 증명했다고(그녀는 자신이 맞았다고 생각했다, 궤변을 말하는 것이지 다른 것이 아니라고).

소크라테스는 평소처럼 빈정거리지 않고 그들의 말을 경청했다. 그들이 말하는 동안 그에게는 마치 어떤 소리가 들리는 것 같았다. 아직은 멀리, 먼 데서 천둥소리가 들리듯이, 엄청난 웃음소리가, 온 도시 아니 온 나라 전체의 웃음소리가, 멀리서부터, 하지만 점점 가까이 오며, 멈추지 않고 가까이 와서 모든 사람에게 전염시키며, 거리의 행인들, 장터의 상인들과 정치가들과, 작은 가게의 수공업자들에게 전염되는 웃음소리가.

"자네들이 말하는 건 모두 헛소리네." 그는 갑자기 단호하게 말했다. "난 아무것도 안 했네."

그들은 미소 지으면서 서로 바라보았다. 그리고 한 사람이 말했다.

"맞습니다, 저희도 그 말을 했습니다. 저희는 스승님이 그렇게 이해하시리라고 알고 있었습니다. 이건 갑작스럽게 무슨 외침인가 하고 저희는 체조장 앞에서 오이소풀로스에게 물었습니다. 십 년 동안 소크라테스는 위대한 정신적 행위를 여러 번 행했는데 아무도 그를 돌아보지도 않았지. 지금 그가 전투에서 승리를 거두니까, 아테네 전체가 그에 대해 말하고 있네. 저희는 말했지요. 그것이 얼마나 수치스러운 일인지 알겠느냐고요?"

소크라테스는 신음했다.

"하지만 나는 전쟁에서 이긴 것이 아니네. 내가 공격을 받았기 때문에 방어했을 뿐이야. 난 이 전쟁에 관심 없네. 나는 무기상도 아니고 근교에 포도밭도 없네. 난 뭘 위해서 이 전쟁을 치러야 할지 몰랐네. 나는 전투에는 조금도 관심이 없는 근교 도시들에서 온 똑똑한 사람들 사이에 끼어 있었지. 그들 모두가 한 것을 나도 똑같이 했어, 기껏해야 잠깐 그들 앞에 있었어."

그들은 무엇에 얻어맞은 듯했다.

"그렇지 않습니까?" 그들은 소리쳤다, "저희도 그렇게 말했지요. 그분은 자신을 방어하는 일 외에 아무것도 하지 않았다고요. 그것이 전투에서 이기는 그의 방식이라고요. 용서하십시오, 저희는 체조경기장으로 급히 가 봐야겠습니다. 이 주제로 대화를 하고 있다가 중단하고, 스승님께 문안 인사드리려고 왔습니다."

그리고 그들은 대화에 빠져서 기분 좋게 가버렸다.

소크라테스는 말없이 누워있었다, 팔꿈치를 괴고서, 그을음으로 시커멓게 된 이불을 바라보았다. 어두운 예감이 맞았다.

아내가 방 한구석에서 그를 살펴보았다.

그녀는 낡은 옷을 여기저기 기계적으로 꿰매고 있었다.

갑자기 그녀가 낮은 소리로 말했다. "그러니까 그 뒤에 뭐가 숨어있었던 거죠?"

그는 움찔했다. 불안한 표정으로 그녀를 보았다.

아내는 일에 지친 존재로, 가슴은 판자처럼 평평하고 슬픈 눈을 가졌다. 그는 아내를 믿을 수 있다는 걸 알고 있었다. 만일 그의 제자들이, 소크라테스? 신들을 부정하는 그 사악한 제화공 아냐? 라고 말한다면, 아내가 그를 지원해 줄 것이다. 아내는 그를 잘못 만났지만, 그를 향한 것만 빼고 다른 불평은 하지 않았다. 어느 하루 저녁도 남편을 위한 빵과 햄이 선반에 놓여 있지 않은 적이 없었다, 그가 부유한 제자들로부터 집으로 돌아와 시장해 있을 때 말이다.

그는 아내에게 모든 것을 말해야 하나 하고 스스로 물었다. 하지만 그러다가, 그 다음 순간에 만일 사람들이 방금처럼 와서 그의 영웅적 행위에 관해 이야기한다면, 그러면 아내가 있는 데서 사실이 아닌 많은 거짓말을 해야 할지도 모른다고 생각했다. 아내가 진실을 알고 있을 때 그는 그럴 수 없었다. 아내를 존중했기 때문이었다.

그렇게 그 일은 내버려 두고 그냥 말했다. "식어버린 엊저녁 콩 수프 냄새가 온 방에 진동하네."

아내는 다시 의심적은 시선을 보낼 뿐이었다.

물론 그들은 음식을 내버릴 형편이 아니었다. 오직 아내의 관심을 딴 데로 돌려보려고 뭔가를 말한 것이다. 그에게 무슨 일이 있었다는 확신이 아내에게 커졌다. 왜 일어서지 않는 거지? 남편은 항상 늦게 일어났지만, 그건 언제나 늦게 잠자리에 들기 때문이었다. 그런데 오늘 온 도시가 일어나서 승리를 축하하느라고, 골목 상점들도 모두 문을 닫았는데. 기병대 일부가 새벽 다섯 시 적군을 쫓다가 되돌아오는 말발굽 소리가 들렸다. 사람들이 모인 곳은 남편이 열렬히 좋아하는 곳이었다. 그런 날이면 아침 일찍부터 저녁 늦게까지 돌아다니며 대화를 이어갔다. 그런데 왜 안 일어나는 거지?

문 앞이 어두워지더니 고위관리들 네 명이 들어섰다. 그들은 방 한가운데 멈춰 섰다, 그리고 한 사람이 소크라테스를 아레오파고스 회의장으로 모셔오라는 임무를 받았다고, 알키비아데스 총사령관이 직접 건의하여 그의 전투 업적에 대해 명예의 관을 수여하려 한다고, 사무적이지만 아주 공손한 어조로 말했다.

골목에서 들려오는 웅얼거림이 이웃 사람들이 집 앞에 모여 있다는 것을 알려주었다.

소크라테스는 진땀이 나는 것을 느꼈다. 지금 자기가 일어서서, 함께 가는 것은 사양한다고 해도, 적어도 선 채로 뭔가 공손한 말을 하고 사람들을 문까지 배웅해야 한다는 것을 알고 있었다. 그런데 자신은 단 두 발자국도 걸어 나가지 못 하리라는 것을 알았다. 그렇게 하면 사람들이 자신의 발을 보게 될 것이고 사정을 알게 될 것이다. 그리고 지금 여기서, 커다란 폭소가 일어날 것이다.

그래서 그는 일어서는 대신, 딱딱한 쿠션에 몸을 파묻고 기분 나쁜 어조로 말했다.

"나는 명예의 관이 필요 없소이다. 아레오파고스 회의에 말해주시오, 나는 열한 시에 몇몇 친구들과 약속이 있다고, 우리가 관심 있는 철학적 질문에 대해 토의하려고 한다고. 그래서 유감스럽지만 참석할 수 없다고. 나는 공식적인 행사에 전혀 어울리지도 않고 지금 너무 피곤하다오."

마지막 말은, 자신이 철학을 끌어들였다는 사실에 화가 나서 덧붙였다. 그리고 전반부는 거칠지만 가장 쉽게 그들에게서 벗어나기를 바랐기 때문에 그렇게 말했다.

관리들은 이런 언어도 이해했다. 그들은 돌아서서 밖에 서 있는 사람들의 발등을 밟으며 떠나갔다.

"관청 사람들에 대한 예의를 당신한테 가르쳐야 겠어요." 아내가 화가 나서 말하고 부엌으로 들어갔다.

소크라테스는 아내가 밖에 나가기를 기다렸다가, 재빨리 무거운 몸을 침대에서 돌려, 침대 가장자리에 앉아서, 문 쪽을 살피며, 한없이 조심하며 아픈 다리를 딛고 서 보려고 했다. 가망이 없어 보였다.

땀을 엄청나게 흘리며 다시 자리에 누웠다.

반시간 정도 지나갔다. 책 한 권을 집어서 읽었다.

발을 가만히 두면 거의 아무 느낌도 없었다.

그러자 친구인 안티스테네스가 왔다.

친구는 두꺼운 외투를 벗지도 않고 침대 발치에 서서 약간 발작적으로 기침을 하더니, 소크라테스를 바라보며 목 가장자리의 무성한 수염을 긁었다.

"자네 아직도 누워있나? 크산티페만 만나리라고 생각했는데. 자네가 어떤지 알아보려고 일어났다네. 감기가 심하게 들었어, 그래서 어제는 여기 올 수 없었지."

"앉아." 소크라테스는 짧게 말했다.

안티스테네스는 구석에서 의자 하나를 가져와 친구 옆에 앉았다.

"오늘 저녁에 다시 수업을 시작하려고 하네. 더는 뺄 이유가 없지."

"안 돼."

"그들이 오늘 올지 물론 의문이야. 오늘 큰 회식이 있어. 하지만 여기 오는 길에 어린 페스톤을 만났는데, 내가 저녁에 대

수 수업을 한다고 말했더니 아주 좋아하는 거야. 투구를 쓰고 와도 좋다고 말했어. 프로타고라스나 다른 이들은 화가 나서 격분하겠지, 안티스테네스가 전투가 끝난 후 저녁에 대수 공부를 시킨다는 말을 들으면."

소크라테스는 아주 가볍게 해먹을 흔들면서, 넓적한 손으로는 약간 기울어진 벽을 밀었다. 튀어나온 두 눈으로 탐색하듯 친구를 보았다.

"그 밖에 다른 사람도 만났나?"

"많이 만났지."

소크라테스는 기분이 나빠져서 이불 쪽을 보았다. 안티스테네스에게 진실을 말해야 할까? 친구는 상당히 확실한 사람이었다. 자신은 수업료를 받지 않았으니 안티스테네스의 경쟁자는 아니었다. 아마도 이 친구에게는 이 어려운 사건을 정말 펼쳐 보여야 할 것 같았다.

안티스테네스는 번쩍거리는 귀뚜라미 눈으로 호기심이 가득 차서 친구를 보며 보고했다.

"고르기아스가 돌아다니면서 사람들에게 이야기한다네, 자네가 틀림없이 도망치다가 혼란 속에서 방향을 잘못 잡아, 어쩌다가 앞쪽으로 들어섰을 거라고. 착한 젊은이들 몇몇은 그 때문에 그를 때려주려고 한다네."

소크라테스는 놀라서 불쾌한 표정으로 그를 보았다.

"헛소리." 그는 화를 내며 말했다. 자신의 적대자들이, 자신이 색깔을 고백하면 무엇을 손에 넣고 휘둘러야 하는지 갑자기 명백해졌다.

그는 한밤중에도, 아침녘에도, 이 모든 일을 하나의 실험으로 돌리고, 모든 사람이 얼마나 쉽게 믿는지 보려고 했다는 말을 할 수 있겠다고 생각했다. "이십 년 동안 모든 골목에서 평화주의를 가르쳤다, 그런데 내 제자들이 나를 호전적인 남자로 여기게 하는데 소문 하나로 충분했다" 등등. 그러나 그때 전쟁에서 이기면 안 되는 거였다. 패전 후에는 높은 사람들조차 한동안 평화주의자가 되지만, 승리 후에는 아랫사람들조차 전쟁추종자가 된다, 적어도 한동안은. 그러다 결국 그들은 자신들에게는 승리와 패배가 별 다른 것이 아니었다는 사실을 깨닫게 된다. 아니다, 지금은 평화주의로는 국가를 만들 수 없었다.

골목에서 말발굽 소리가 들려왔다. 기수들이 집 앞에서 멈췄고, 알키비아데스가 빠른 걸음으로 집에 들어왔다.

"안녕하십니까, 안티스테네스님? 철학은 잘돼 갑니까? 사람들이 정신이 없습니다." 그는 환한 얼굴로 외쳤다. "사람들이 아레오파고스 회의장에서 소크라테스 선생의 대답을 들으려고 난리입니다. 농담하느라고, 선생께 월계관을 수여해야 한다는 저의 제안을 오십 대 곤장으로 쳐야 한다는 제안으로 바꾸었지요. 물론 그 말에 그들은 화를 냈지요, 그것이 그들의 기분에 맞았으니까요. 하지만 함께 가셔야겠습니다. 우리 둘이 걸어서 갑니다."

소크라테스는 한숨을 쉬었다. 그는 젊은 알키비아데스와 아주 잘 어울렸다. 그들은 자주 함께 술을 마셨다. 그를 찾아준 것은 고마운 일이었다. 아레오파고스 회의를 모욕하고자 하는 소망만이 아니라, 나중의 소망도 영광스러운 것이어서 지원을 해주어야 했다. 그는 아주 신중하게 해먹을 계속 흔들면서 마침내 말했다.

"성급함은 건축 비계를 무너뜨리는 바람이다, 라는 말이 있지. 앉게."

알키비아데스는 웃으면서 의자 하나를 끌어당겼다. 그는 앉기 전에 부엌에 서서 젖은 손을 치마에 닦고 있던 크산티페에게 공손하게 허리를 굽혔다.

"철학자들은 웃기는 분들입니다." 그는 약간 초조해하며 말했다. "아마도 선생님이 저희를 도와 전쟁에서 이기게 한 것을 다시 유감스럽게 생각하시겠지요. 안티스테네스가 아마 지적했겠지요? 이건 이유가 충분하지 않다고요?"

"우리는 대수에 관해 이야기 했네." 안티스테네스가 재빨리 말하고 다시 기침했다.

알키비아데스가 씩 웃었다.

"저도 달리 기대하지 않았습니다. 그런 것에 대해 너무 법석 떨지 말자, 아닌가요? 이제 제 의견을 말하자면 그건 단순한 용감성이었어요. 특별한 것을 원하지 않으신다지만, 한 줌의 월계수 잎이 무슨 특별한 것이 되겠습니까? 이빨을 꼭 다무세요. 그리고 그 일을 받아들이십시오, 선생님. 금방 지나갈 것이고 아프지도 않아요. 그리고 우리는 한잔하러 가는 겁니다."

그는 호기심에 차서 지금 해먹을 상당히 세게 흔들고 있는 이 넓고 힘센 형상을 보았다.

소크라테스는 빨리 생각했다. 무슨 말을 할 수 있을지 머리에 떠올랐다. 어젯밤이나 오늘 아침에 발을 삐었다고 말할 수 있다. 예를 들어, 군인들이 그를 어깨에서 내려놓을 때 그랬다고. 거기에 중요한 핵심까지 들어 있다. 그런 경우는 사람들이 같은 주민을 명예롭게도 하고 해롭게 할 수도 있다는 것을 보여준다.

그는 흔들거리는 것을 멈추지 않고 몸을 앞으로 굽혀서 바로 앉더니, 오른손으로 아무것도 안 입은 왼쪽 팔을 문지르면서 천천히 말했다.

"사실은 내 발이……."

이 말을 하며 아직 고정되지 않은 그의 시선을 떨구었다, 지금 이것은 이 사건에서 진짜 거짓말을 한다는 뜻이기 때문이었다. 이제까지 그는 부엌문 앞에 있는 크산티페에게 오직 침묵하기만 했다,

소크라테스는 말이 막혔다. 갑자기 자기가 꾸민 이야기를 꺼낼 생각이 없어졌다. 그의 발은 삔 것이 아니었다.

해먹이 정지했다.

"들어 봐요, 알키비아데스," 그는 힘차게 아주 생기 있는 목소리로 말했다, "이 경우에는 용감성이라고 말할 수 없네. 나는 전투가 시작되었을 때 즉시, 다시 말해서, 페르시아군들이 처음 나타났을 때, 도망을 쳤어, 그것도 제대로 된 방향인, 뒤쪽을 향해. 하지만 그곳은 가시밭이었다네. 내 한쪽 발에 가시가 박혀서 앞으로 갈 수가 없었네. 그래서 나는 미친 듯이 사방으로 휘둘렀지, 거의 아군도 내리칠 뻔했네. 절망에 빠져서 난 다른 부대를 향해 뭔가 소리쳤네, 그래서 페르시아군들이 우리에게 여러 부대가 있다고 믿을 수 있도록 말이야. 아무도 모를 말이었지, 그들은 물론 그리스 말을 몰랐으니까. 다른 한편으로는 적들도 역시 상당히 신경이 날카로워졌던 모양이었어. 아마 그 외침을 견딜 수 없었던 거지, 전진하면서 뚫고 갔어야 하는데. 적들은 잠깐 멈췄던 거고 그때 우리 기병대가 온 거네. 그것이 전

부라네."

몇 초 동안 방 안은 아주 조용해졌다. 알키비아데스는 그를 뚫어지라고 쳐다보았다. 안티스테네스는 손을 가리고 기침을 했는데, 이번에는 아주 자연스러웠다. 크산티페가 서 있는 부엌 문 쪽에서부터 요란한 웃음소리가 울려왔다.

그러자 안티스테네스가 직설적으로 말했다.

"그래서 자네는 아레오파고스에 가서 절룩거리며 계단을 올라가 월계관을 받을 수 없었던 거군. 이해하네."

알키비아데스는 의자에서 몸을 뒤로 젖히고 두 눈을 가느다랗게 뜨고 해먹 위의 철학자를 관찰했다. 소크라테스도 안티스테네스도 그를 바라보지 않았다.

알키비아데스는 다시 앞으로 몸을 굽히고 두 손으로 자신의 무릎 하나를 감쌌다. 그의 소년 같은 좁은 얼굴에 약간 경련이 일었으나, 그의 생각이나 감정을 드러낸 것은 아무것도 없었다.

"왜 선생님은 어디 다른 데 상처가 있다고 말씀하지 않으셨습니까?" 그가 물었다.

"내 발에 가시가 박혔으니까." 소크라테스는 퉁명스럽게 말했다.

"오, 그것 때문이었습니까?" 알키비아데스가 말했다. "이해하겠습니다."

그는 빨리 일어나서 침대 옆으로 갔다.

"저의 월계관을 여기에 가져오지 않은 것이 유감이군요. 저는 그것을 부하에게 가지고 있으라고 주었지요. 그러지 않았다면 그것을 지금 선생님께 씌워 드렸을 텐데요. 저는 선생님이 매우 용감하셨다고 믿습니다. 이런 상황에서 선생님이 말씀하신 것같이 말할 수 있는 사람을 전 아무도 알지 못합니다."

그리고 그는 휭 하니 가 버렸다.

그런 다음에 크산티페가 그의 발을 씻기고 가시를 빼내면서, 기분이 언짢아서 말했다.

"패혈증이 될 뻔했어요."

"어쨌거나." 철학자는 말했다.

나의 형은 비행사였다[27]

나의 형은 비행사였다,

어느 날 형은 표 한 장을 얻고,

짐 궤짝을 싸더니,

남쪽으로 떠나갔다.

나의 형은 정복자이다,

우리 민족은 공간이 부족하여,

---

27 브레히트는 1933년부터 덴마크로 망명하여 스벤보르에서 거주했다. 그곳에
서 그는 같이 작업하던 작곡가 한스 아이슬러의 방문을 여러 차례 받았다. 1937
년 아이슬러는 무르시아의 스페인 내전에서 투쟁했던 국제 연대를 방문하고 덴마
크로 브레히트에게 갔다. 그가 1937년 1월 말부터 9월까지 스벤보르에 머무는 동
안 〈나의 형은 비행기 조종사였다〉를 쓴 것 같다. 아이슬러가 작곡한 시기를 볼 때
1937년 5월이 생성 시기인 것으로 추정된다. 브레히트는 당시에 스페인 내전에 관
한 희곡《카라 부인의 무기》작업을 하고 있었다.

내 땅을 가진다는 것이
우리에게는 오랜 꿈이다.

나의 형이 정복한 공간은
구아다라마 산맥[28]에 있다,
그곳은 길이 일 미터 팔십에
깊이가 일 미터 오십이다.

---

28 스페인의 구아다라마 산맥.

코이너 씨 이야기[29]

K. 씨와 자연

자연과의 관계는 어떠냐는 질문을 받고 K. 씨가 말했다, "집을 나설 때마다 몇 그루의 나무를 볼 수 있으면 좋겠습니다. 특히 날이 바뀌고 계절이 바뀜에 따라 그 나무들이 달리 보여서 특별하다 할 정도로 현실에 도달할 때는 말이지요. 여러 도시에서는 시간이 지나감에 따라, 항상 실용적인 물건들만 보게 되면 역시 당황하지요, 사람이 살지 않거나 사용되지 않으면 의미 없을 집이나 철로들 말이에요. 우리의 고유한 사회 질서는 인간도

---

29 〈코이너 씨 이야기〉는 브레히트가 헬레네 바이겔과 결혼한 1926년 이후 망명 기간을 거쳐 1956년 사망할 때까지 30년 이상의 세월에 걸쳐 산발적으로 쓴 것이다. 1948년의 출간을 계획하면서 여기에 39편의 이야기를 포함시켰다. 브레히트의 사망 후에는 다른 이야기들도 계속 출판되었다. 현재 121편의 〈코이너 씨 이야기〉가 출판되어 있다.

역시 그런 실용적인 물건들에 속하도록 하지요. 그런데 나무는 목수가 아닌 나에게 적어도 약간의 안정을 주는 독립적인 것이고, 바라보고 예측할 수 있는 것입니다. 그리고 나는 나무들이 목수들에게조차 활용될 수 없는 무언가를 지니고 있기를 바라기까지 한답니다."

(K. 씨는 또 말하기를 "우리는 자연을 아껴서 쓸 필요가 있어요. 자연에서 일하지 않고 머문다면, 사람은 병적인 상태에 빠집니다, 열병 같은 것이 인간을 사로잡게 되듯이 말입니다.")

조직

K. 씨가 언젠가 말했다, "생각하는 사람은 어떤 빛도 너무 많이 쓰지 않고, 빵 한 조각도 너무 많이 먹지 않고, 어떤 생각도 너무 많이 사용하지 않는다."

형식과 소재

K. 씨가 그림 하나를 관찰하고 있었다, 그림은 몇 개의 사물을 아주 자의적인 형태로 그린 것이었다. 그가 말했다, "어떤 예술가들이 많은 철학자처럼 세상을 관찰한다면 괜찮아요. 그런

데 형식에 신경을 쓰다 보면 소재가 사라져요. 나는 한때 어느 정원사 집에서 일하고 있었어요. 정원사는 나에게 전지가위를 건네주며 월계수 나무를 손질하라고 지시했지요. 그 나무는 화분에 심어서 축제 행사에 쓰려고 빌려 온 것이었어요. 축제를 위해 모양은 공 모양이라야 했지요. 나는 곧 무성한 싹들을 잘라 내기 시작했어요, 그런데 공 모양을 완성하려고 애를 쓰면 쓸수록 한참 동안 공 모양이 되지 않았어요. 한 번은 이쪽 면을 한 번은 저쪽 면을 너무 많이 쳐 냈지요. 마침내 공 모양이 다 되었을 때 그 공은 아주 작아졌어요." 정원사는 실망해서 말했어요, "좋아요, 공이군요, 그런데 월계수는 어디 있소?"

우정의 봉사[30]

---

30 이 이야기는 먼저 덴마크 망명 시절에 쓰여 "사고력 문제"라는 제목으로 발표되었는데, 〈코이너 씨 이야기〉에서 이 모티브를 다시 사용한 것이다. "사고력 문제"의 내용은 다음과 같다.

"퓌넨의 한 농부가 세 아들에게 남기는 유서에서 가축을 분배하기를, 장남은 절반을, 둘째는 삼 분의 일을, 막내는 구분의 일을 갖도록 하였다. 농부는 이 유서를 오랜 친구에게 맡겼는데, 그는 이웃에 아주 작은 농가를 갖고 경작하고 있었다. 그는 장례식 날에 유서를 세 아들에게 전달해 달라는 부탁을 받았다.

농부가 아직 마지막 숨을 거두기도 전에 벌써 세 아들은 임종한 방에서 달려 나와 유언장을 찾으러 다녔다. 물론 유언장을 발견하지 못했다. 그 후 이틀 동안 조문객들이 왔는데, 집은 아래층에서 꼭대기 층까지 어수선한 채로, 손님을 맞고 대접할 준비가 아무것도 되어 있지 않았다. 장례식 날 아침 그 늙은 농부는 가방에 넣은 유언장을 갖고 황소가 끄는 수레를 타고 안마당으로 들어왔다. 농부가 유언장을 뒤적거려 꺼내자, 아들들은 그의 위로의 말을 어물어물 듣는 둥 마는 둥 하며 그를 거의 내려치려고 했다. 유언장에 적혀있는 계산 문제는 더욱 그들의 화를 돋우었다. 분배된 몫이 분필로 외양간 벽에 쓰였을 때, 가축은 고인이 유언장을 쓴 이후 더 늘었는지 아니면 줄었는지, 요컨대 나누기가 몹시 어렵게 되었다는 것이 드러났다. 소는 17마리였던 것이다.

문상객들이 들어오는데도, 아들들은 아직도 검정 바지에 셔츠 바람에, 소들을 가지고 한번은 이쪽으로 한번은 다른 쪽 그룹으로 나누고 있었다.

손님들은 대부분 말은 하지 않지만 끓어오르는 불쾌감을 참으며 이 점잖지 못한 소동을 참관하였고, 몇 안 되는 사람만이 별로 효과 없는 조언을 하며 과제 해결에 끼어들었다.

마침내 아들들은 온전한 상복을 갖추어 입고, 넥타이를 매면서도 때때로 창밖으로 분배가 계속되는 마당을 굽어보더니, 이제 손님들과 함께 성급하게 정리된 임종의 방으로 들어가 앉았다. 그러나 이 시간에도 벽에 달린 나무 의자에 꼿꼿이 앉아 고인의 공로와 힘든 삶에 관해 대화가 오갈 때조차 안마당에서 암소의 방울 소리가 울려와서 방해를 받았다. 그것이 암시하는 것은 그사이에 아들 하나가 살짝 빠져나가서 황소들을 그룹으로 모아 나누고 있다는 것이었다.

이렇게 당황한 와중에, 그 당황함이 점점 짜증으로 변했을 때, 고인의 오랜 친구가 일어서서 방 한가운데로 가더니 아들들에게 자신이 가진 유일한 황소를 내놓겠다고 했다. 그리고 덧붙이기를, 만약 황소가 한 마리 남으면 자신의 황소를 돌려달라고 했다. 덧붙인 말을 듣고 손님들은 동정의 표정을 지으며 고개를 설레설레 흔들 뿐이었다.

사람들이 안 마당으로 나갔고, 배분이 이루어졌으며, 오랜 친구의 달구지에 묶였던 황소의 도움으로 순조롭게 진행되었다. 장남이 아홉 마리, 둘째가 여섯 마리, 셋째에게는 두 마리가 돌아갔다. 모두 계산에 따라 얻을 수 있었던 것보다 많은 숫자 친구에게 봉사하는 올바른 방법에 대한 예로 K. 씨는 다음과 같은 이야기를 적절하게 해주었다. 아라비아의 어떤 노인에게 세 젊은이가 와서 말했다. "저희 아버님이 돌아가셨습니다. 저희에게 낙타 열일곱 마리를 남기시고 유언장에 쓰시기를, 장남에게는 반을 둘째에게는 삼분의 일 그리고 막내에게는 구분의 일의 낙타를 가지라고 하셨습니다. 저희는 그 분배에 대해서 합의를 볼 수 없으니, 아저씨께서 결정을 내려주십시오!" 그 아라비아 사람은 깊이 생각하더니 말했다, "보아하니 자네들이 잘 나누려면 낙타 한 마리가 부족하군. 나에게는 단 한 마리의 낙타밖에 없지만, 그것을 쓰도록 해주겠네. 그것을 가져가서 나누어 보고, 남은 것이 있으면 내게 가져다주게나." 그들은 이런 우정의 봉사에 감사하고 낙타를 끌고 가서 열여덟 마리의 낙타를 나누었는데, 장남이 반으로 아홉 마리, 둘째는 삼분의 일, 여

였다. 그 이유는 17마리의 반은 어떤 상황에서도 8보다 많을 수 없었고, 반과 3분의 1도 5와 3분의 2마리 암소보다 많을 수 없었기 때문이었다. 그들은 아주 만족했으며, 이 노인 농부의 황소 한 마리가 남았을 때, 그 놀라움은 더욱 컸다. 9마리 황소와 6마리 황소와 2마리 황소를 합치니 17마리 황소였다.

모두가 안심하고 상여 행렬은 움직였다, 18번째 황소가 앞서고, 세 아들은 밝은 표정으로 가운데 서서 다행스러운 해결에 대해 기쁘게 이야기하면서 갔다.

18번째 황소는 계산을 유리하게 하는 게 필요했던 것이다.

섯 마리, 그리고 막내는 구분의 일, 두 마리를 받았다. 놀랍게도 그들이 각자 자신의 낙타들을 옆으로 끌어갔을 때, 낙타 한 마리가 남았다. 그들은 이 낙타를 아버지의 오랜 친구에게 돌려주면서 감사를 거듭했다.

K. 씨는 이런 우정의 봉사가 옳다고 말했다. 그것은 특별한 희생을 요구하지 않았으니까.

신뢰

K. 씨는 인간관계에 질서가 있어야 한다고 주장했는데, 그는 평생 여러 싸움에 연루되었다. 어느 날 그는 또다시 불편한 일에 말려들었다. 그것은 밤에 시내에서 서로 멀리 떨어진 만남의 장소를 여러 곳 찾아다녀야 하는 일이었다. 그런데 그가 병이 나서 한 친구에게 외투를 부탁했다. 친구는 그 일로 자신의 사소한 약속을 거절해야 했음에도 불구하고 외투를 약속했다. 저녁 무렵에 K. 씨의 상태가 아주 좋지 않아서 가는 것이 소용없는 일이 되었고 아주 다른 일이 필요하였다. 그런데도 그리고 또 시간이 없는데도 K. 씨는 급히 자신이 한 약속을 지키려고, 필요 없어진 외투를 가지러 정확한 시간에 갔다.

어쩔 수 없는 소년

K. 씨는 부당한 일을 말없이 참고 견디며 속으로 씹어 삼키는 나쁜 버릇에 대해 말하면서 다음과 같은 이야기를 했다. "혼자서 울고 있는 소년에게 지나가던 한 남자가 슬퍼하는 이유를 물었다. '제가요, 영화관에 가려고 두 푼을 모았어요.' 소년이 말했다, '그런데 한 남자애가 와서 제 손에서 한 푼을 빼앗아 갔어요.' 그러면서 그 애는 멀지 않은 곳에 서 있는 남자애를 가리켰다. '너는 도와달라고 소리치지 않았니?' 그 남자가 물었다. '했어요.' 소년은 말하고 약간 더 큰 소리로 훌쩍거렸다. '아무도 네 소리를 못 들었구나?' 그 남자는 소년을 사랑스럽게 쓰다듬으면서 계속 물었다. '네.' 소년은 훌쩍였다. '넌 더 큰 소리로 소리칠 수 없니?' 남자는 물었다. '그렇다면 그 돈도 이리 내놔.' 그는 소년의 손에서 마지막 동전을 빼앗아서 아무 일도 없었던 듯 계속 걸어갔다."

신의 존재를 묻는 질문

어떤 사람이 K. 씨에게 신이 있느냐고 물었다. K. 씨는 말하기를, "충고하건대 잘 생각해보시오, 그 질문에 대한 대답에 따라 당신의 태도가 달라지겠는지를. 당신 태도가 변하지 않는다면, 그 질문은 없던 것으로 칠 수 있소. 만일 변하게 된다면, 적어도 이런 정도로 말해서 도움 될 수 있겠지요. 당신은 벌써 결정 했어요, 신이 필요하다고."

손님 대접

K. 씨가 손님 대접을 받았을 때, 그는 자신의 방을 처음 본그대로 두었다. 유명한 인물들이 주변에 자신의 인상을 남기는것을 대수롭지 않게 여기기 때문이었다. 반대로 그는 자신의 존재가 숙박하는 곳에 맞도록 변화시키려고 노력했다, 물론 자신이 방금 계획했던 것이 거기서 힘들어지면 안 되었다.

K. 씨가 손님을 대접할 때는, 손님에게 관심을 보이면서 적어도 의자 한 개나 탁자 하나를 이제까지 있던 자리에서 다른자리로 옮겨 놓았다. "손님에게 무엇이 맞는지 내가 정하는 것이 더 좋지요!"라고 그는 말했다.

낯선 집에서 숙박하는 K. 씨

낯선 집에 숙박하려고 들어서면서, K. 씨는 자러 가기 전에그 집의 여러 출구를 찾아보고 그 외에는 아무것도 보지 않았다. 그는 질문을 받고 당황해서 대답하기를, "그것은 오래되고 귀찮은 습관이지요. 저는 정의의 편입니다. 그러니 제 집에는 출구가 한 개 이상 있는 것이 좋지요."

현자의 현명함은 그 태도에 있다

K. 씨에게 한 철학 교수가 와서 자신의 지혜에 관해 이야기했다. 얼마 동안 시간이 흐른 후 K. 씨가 그에게 말했다. "당신은 불편하게 앉아서, 불편하게 말하며, 불편하게 생각하는군요." 철학 교수는 화가 나서 말했다. "저는 저 자신에 대해 뭘 알고 싶은 것이 아니라 제가 말하는 것의 내용에 대해 알고 싶었습니다." K. 씨가 말했다, "거기엔 아무 내용도 없어요. 당신은 어색하게 걷고 있어요, 그것은 당신이 걷는 것을 내가 보는 동안에 당신이 도달하게 될 목적지가 아니요. 당신은 어두운 이야기를 하고 있어요, 그것은 당신이 연설 도중에 얻고자 하는 밝음이 아니요. 당신의 태도를 보니 당신의 목표가 무엇인지 관심이 안 생기네요."

K. 씨가 한 사람을 사랑한다면

K. 씨는 질문을 받았다, "선생님이 한 사람을 사랑하신다면 무엇을 하시겠습니까?" K. 씨가 말했다, "그에 관한 설계도를 만들겠소. 그리고 그것에 비슷하게 되도록 신경을 쓸 것이요." "누가요? 설계도가요?" "아니요." K. 씨가 말했다, "그 사람이요."

K. 씨와 일관성

어느 날 K. 씨는 한 친구에게 다음과 같은 질문을 하였다. "얼마 전부터 내 집 건너편에 사는 한 남자와 교류하고 있네. 그런데 지금은 그와 더 왕래할 생각이 없다네. 하지만 왕래해야 할 이유뿐만이 아니라 헤어져야 할 이유도 없단 말일세. 이제 내가 알게 된 사실은, 그가 최근에 이제까지 세 들어 살던 작은 집을 샀다는 거야. 그리고 곧 자기 방 창문 앞에 있는 자두나무를 베도록 했다네, 햇빛을 가린다고. 자두가 이제 겨우 반쯤 익어가고 있었는데. 내가 왕래를 끊겠다는 이유로 그 일을 들어야 겠나? 적어도 표면적으로 아니면 내면적으로?" 그날 이후 며칠 있다가 K. 씨는 친구에게 이야기했다. "난 이제 그 녀석과 왕래를 끊었다네. 생각해보게, 그는 벌써 여러 달 전부터 당시의 집

주인에게 나무를 베어 달라고 요구했다네. 햇빛을 가린다고. 그런데 집주인은 과일을 얻기를 원해서 그렇게 하려고 하지 않았지. 그런데 그 집이 나의 지인에게 넘어간 지금 정말 그 나무를 베도록 내버려 둔다네, 아직 덜 익은 과일이 잔뜩 달렸는데! 난 이제 시종일관하지 않은 그의 태도 때문에 왕래를 끊었다네."

생각의 아버지

K. 씨는 소원이 생각의 아버지라고 했다고 너무 자주 비난받았다. K. 씨가 대답했다. "소원을 아버지로 두지 않은 생각은 절대 없었어요. 다만 어떤 소원인가? 거기에 대해서만 논쟁할 수 있지요. 어떤 아이에게 아버지가 있을 수 없다고 의심을 하면 안 되지요. 아버지를 확인하는 것이 어렵다며 두려워서."

창의성

K. 씨는 불만을 말했다. 오늘날에는 많은 사람이 자신은 완전히 혼자서 규모가 큰 저서들을 집필할 수 있다고 공개적으로 자랑하고 있고 일반적으로도 인정을 받고 있다. 중국의 철학자 장자는 장년의 나이에 십만 글자로 이루어진 책 한 권을 썼는

데, 그것의 십 분의 구는 인용구로 되어 있었다. 그런 책은 우리 시대에는 더는 쓸 수 없다. 정신이 부족하기 때문이다. 따라서 여러 사상이 오직 자신의 작업장에서만 만들어진다. 그동안 거기서 충분히 끝내지 않은 사상은 수상하게 여겨진다. 그렇게 되면 전수될 수 있는 사상도 또 인용될 수도 있는 어떤 생각의 간명한 표현도 없다. 이 모든 것에서 얼마나 적은 것만이 행동을 위해 쓰이겠나! 펜 한 자루와 약간의 종이가 그것들을 내보일 수 있는 유일한 것이다! 그리고 그 모든 도움 없이, 오직 빈약한 자료, 한 개인이 자신의 두 팔로 마련할 수 있는 자료만 가지고 그들은 오막살이를 짓고 있다! 그들은 한 개인이 지을 수 있는 것보다 더 큰 건물을 알지 못하는 것이다!

성공

K. 씨는 여배우 하나가 지나가는 것을 보고 말했다. "예쁘군요." 같이 가던 사람이 말했다. "저 배우는 예뻐서 최근에 성공했어요." K. 씨가 화를 내며 말했다. "저 배우가 성공했으니까 예쁜 겁니다."

"지금 할 일은 지금"이 교란될 때

어느 날 K. 씨가 다소 낯선 사람들 집에 손님으로 갔는데, 집주인들이 침실 한쪽 구석에 있는 침대 가까운 곳의 작은 탁자 위에 벌써 아침 식사를 위해 식기를 차려 놓은 것을 보았다. 그는 우선 머릿속으로 집주인들을 칭찬한 다음에, 그들이 자신과의 일을 끝내려고 서두르고 있다고 생각하였다. 자신도 조식을 위해 식기를 잠자리에 들기 전 밤에 차려 놓아야 하나 하고 생각한다. 몇 가지를 곰곰이 생각한 다음에 그런 일이 특정한 시기에 옳다는 것을 알게 된다. 다른 사람들도 역시 이따금 어떤 때에는 이런 문제에 마주치는 것이 당연하다고 본다.

K. 씨와 고양이들

K. 씨는 고양이를 좋아하지 않았다. 고양이는 인간의 친구가 아닌 듯 보였다. 그러니 그도 역시 고양이의 친구가 아니었다. 그가 말했다, "우리에게 같은 관심사가 있다면 고양이의 적대적인 태도가 상관이 없을 텐데." 그러나 K. 씨는 고양이를 자신의 의자에서 쫓아버리지 않는다. "쉬기 위해서 누워있는 것도 일이야" 그가 말했다. "그 일에 성공해야지." 고양이들이 문 앞에서 야옹거리면 그는 침상에서 일어나서, 추운 날씨에도, 그들을 따

뜻한 곳으로 들어오게 했다. "그들의 계산은 단순해." 그가 말했다, "그들이 소리 내어 부르면 사람들이 문을 열지, 사람들이 문을 열지 않으면 그것들도 부르지 않지. 부른다는 것, 그것이 진보야."

K. 씨가 좋아하는 동물

K. 씨는 무슨 동물을 제일 좋아하느냐는 질문에 코끼리라고 했고 그 이유를 다음과 같이 말했다. 코끼리는 꾀와 힘을 함께 가지고 있다. 그 꾀는 추적을 피하거나 사람 눈에 뜨이지 않게 먹이를 획득하기 충분한 그런 사소한 꾀가 아니라, 큰일을 도모하기 위해서 힘을 사용할 수 있는 그런 꾀이다. 이 짐승이 있었던 곳에는 넓은 흔적이 있다. 그런데도 온순하고, 재미를 안다. 좋은 적이면서 좋은 친구이다. 아주 크고 무겁지만 아주 빠르기도 하다. 그 코는 거대한 몸통에도 아주 작은 먹이, 즉 견과류도 끌어들인다. 그 귀는 마음대로 조종할 수 있다. 마음에 맞는 것만 듣는다. 아주 오래 산다. 모이기를 좋아하고, 코끼리한테만 가지 않는다. 도처에서 사랑받기도 하고 두려움의 대상이 되기도 한다. 특별한 익살도 부릴 수 있어서 존경까지 받을 수 있다. 가죽이 두꺼워서 칼도 부러뜨린다. 하지만 마음은 온유하다. 슬

퍼할 수도 있다. 화를 낼 수도 있다. 춤추는 것을 좋아한다. 밀림 속에서 죽는다. 아이들을 좋아하고 다른 작은 동물들을 좋아한다. 회색이어서 오직 덩치 때문에 눈에 띈다. 코끼리 고기는 먹을 수 없다. 일을 잘 할 수 있다. 물을 마시기 좋아하고 즐거워한다. 코끼리는 예술을 위해서도 기여한다. 상아를 제공하니까.

고대 유물

몇 개의 물병을 그린 룬드스트룀이란 화가의 그림 앞에서 K. 씨가 말했다. "고대, 야만 시대의 그림이로군! 당시에는 사람들이 아마 아무것도 구별할 수 없었나 보네. 둥근 것이 더 이상 둥글게 보이지 않고, 뾰족한 것이 더 이상 뾰족해 보이지 않았나 봐. 화가들이 그것을 제대로 바로 잡아야 했고 고객들에게 특정한 것, 분명한 것, 고정된 형태를 보여주어야 했지. 사람들은 불분명한 것, 유동적인 것, 애매한 것을 너무 많이 보았기 때문에, 매수되지 않는 정직성에 매우 굶주려 있었기 때문에, 한 남자가 자신의 어리석음을 팔지 않았다면 벌써 환호했을 정도였지. 그 작업은 많은 사람에게 분배되었어, 이 그림을 보면 알 수 있지. 이 형태를 정한 사람들은 사물의 목적에는 신경을 쓰지 않았어. 이런 물병으로는 물을 따를 수 없지. 당시에는 오직 일용품으로

만 여겨지던 사람들이 있었음이 틀림없네. 또 반대로 예술가들은 스스로 저항했어야 했지. 야만의 시대야, 고대는!" 그러자 K. 씨에게 그 그림은 현대의 것이라고 누군가 말했다. K. 씨는 슬프게 말했다,

"그래요, 고대에서 왔어요."

판결

K. 씨는 자주 고대 중국의 법규를 어느 정도 모범적이라고 말했다. 그 법에 따르면 큰 재판을 위해서 멀리 떨어진 지방에서 재판관을 불러와야 했다. 그리하면 재판관들은 쉽게 매수될 수 없었다(사람들이 덜 청렴했던 것이 틀림없다). 지방의 재판관들은 청렴성을 감시당했기 때문이었다 — 그러므로 바로 이런 사정을 잘 알고 그들에게 악의를 품는 사람들이 있었다. 이렇게 불려온 재판관들도 일상적 경험으로는 그 지방의 관습과 상황을 잘 모르기도 했다. 불법은 흔히 그렇듯이 법적 특성을 갖지 못한다. 새로 온 자들은 모든 것을 바로 잡아야 했고, 그것을 통해 눈에 띄는 것을 알아차렸다. 그리고 끝으로 공정함이라는 덕목을 위해서, 다른 모든 미덕, 감사의 마음, 효심, 이웃에 대한 신뢰 등을 해치도록 강요받지 않고 또는 자신 주변에 적을

만들지도 모르는 용기를 가져야 한다고 강요받지 않았다.

좋은 대답

노동자 한 사람이 법정에서, 세속적으로 선서를 할 것인가 교회식으로 선서를 할 것인가 하고 질문을 받았다. 그가 대답하기를, "저는 실업자입니다."라고 했다. K. 씨는 "이것은 부주의한 대답일 뿐만 아니라, 이 대답을 통해 그는 자신이 어떤 상황에 있는지를, 그곳에서 그런 질문은 아마도 재판과정 전체에서 아무런 의미도 갖지 못하는 상황이라는 것을 알리는 것이다."

소크라테스

철학사에 관한 책 한 권을 읽고 나서 K. 씨는 철학자들이 사물을 근본적으로 인식할 수 없는 것이라고 주장하려는 시도에 대해 부정적인 의견을 말했다. 그가 말했다, "소피스트들이 공부하지도 않고 많은 것을 안다고 주장할 때, 소피스트인 소크라테스가 나와서 자신은 아는 것이 아무것도 없다는 것을 안다고 당당하게 주장했지. 사람들은 그가 자신의 문장에 '나 역시 아무것도 공부하지 않았으니까'라고 덧붙이기를 기대했을 거야.

(무언가를 알려면 우리는 공부를 해야지) 그러나 그는 계속해서 말하지 않은 것 같아 보이네. 그리고 아마도 그의 첫 문장이 끝난 후 엄청난 박수갈채가 터져 나와서 이천 년 동안 지속되는 바람에 그다음 문장을 모두 삼켜버렸을지도 모르지."

외교사절

나는 최근에 K. 씨와 함께 외국의 X. 대사의 사건에 관해서 이야기했다. 그는 우리 나라에서 자신의 정부에서 받은 어떤 임무를 완수하였는데 귀국 후에, 우리가 듣기로는 유감스럽게도 그가 심한 문책을 받았다고 한다. 큰 성과를 얻어서 돌아갔는데도 불구하고 말이다. "그는 자신의 과업을 수행하기 위해서 너무 깊이 우리, 즉 적과 내통하였다는 사실 때문에 질책을 받았지요." 내가 말했다. "그 사람이 그렇게 행동하지 않고 성과를 얻을 수 있었다고 믿습니까?" — "물론 믿을 수 없지요." K. 씨가 말했다, "그는 적과 거래하려고 잘 먹어야 했고, 범죄자들의 비위를 맞추어야 했고, 자신의 목적을 달성하려고 자기 나라를 웃음거리로 만들어야 했지요." — "그렇다면 그가 제대로 행동한 것이 아닌가요?" 내가 물었다. "물론 그렇지요." K. 씨가 무심하게 말했다. "그는 그때 제대로 행동한 거예요." 그리고 K. 씨는 나와 작별하려고 했다. 그러나 나는 그의 옷소매를 잡아끌었다. "그렇다면 그가 돌아갔을 때 왜 경멸을 받았을까요?" 나는 화가 나서 소리쳤다. "그는 아마도 좋은 음식에 익숙해져서 범죄자들과 왕래를 계속했을지도 모르고 판단이 불확실해졌을지도 모르지요." K. 씨가 무심한 듯이 말했다, "그래서 그에게 엄한 조처가 취해졌겠지요." 나는 놀라서 물었다, "그렇다면 선생님 생각에 그 사람들이 제대로 행동했다고 보십니까?" ― "물론 그래요, 그들이 어떻게 달리 행동해야겠습니까?" K. 씨가 말했다, "그는 치명적인 과업을 맡을 수 있는 용기가 있었고 업적도 얻었어요. 그 때문에 죽었지요. 그들이 그를 매장하는 대신 노지에서 썩게 두어서 악취를 풍기게 해야 하겠습니까?"

자연스러운 소유욕

어느 모임에서 누군가가 소유욕은 자연스러운 것이라고 말하자, K. 씨는 오랫동안 토착민으로 사는 어부들에 대한 다음과 같은 이야기를 하였다. 아이슬란드 남쪽 해안에 어부들이 산다, 그들은 그곳 바다를 갈라 부표를 박아 고정시켜서 자신들끼리 분배하였다. 그들은 들판 같은 이 바다를 자신들의 소유지처럼 대단히 애착을 느꼈다. 그들은 자신들의 바다 밭과 하나 됨을 느끼고, 거기에 물고기가 없다 해도 절대로 포기하지 않을 것이고 자신들이 물고기를 잡아다가 파는 항구 도시의 주민들을 경멸할 것이다, 그들에게 도시인들은 피상적이고 자연적 습관을 버린 종족으로 여겨지기 때문이다. 자신들은 스스로 항상 물과 함께한다고 한다. 그들이 비교적 큰 물고기를 잡으면 자기 물통에 보관하고, 그것에 이름을 붙여주고 자신의 소유로 아주 애착을 느낀다. 얼마 전부터 그들의 경제 사정이 나빠진다고 하지만, 그들은 모든 개혁의 노력을 단호하게 거부한다, 그래서 여러 정권이 그들의 습관을 무시하여 추락할 정도였다. 그런 어부들은 원래부터 인간을 복종시킨 소유욕의 힘을 반박할 수 없이 증명하고 있다.

상어가 만약 사람이라면

"만약에 상어가 사람이라면," K. 씨에게 여관집 주인의 어린 딸이 물었다, "상어는 작은 물고기들에게 더 친절할까요?" "물론이지." 그가 대답했다. "상어가 사람이라면 바닷속에다 작은 물고기들을 위해 거대한 궤짝을 만들어서, 온갖 먹이를, 해초와 동물도 넣어 줄 거야. 궤짝은 항상 신선한 물로 채워지고, 모든 위생적 조치가 취해질 거야. 예를 들어 작은 물고기 한 마리가 다친다면 곧 붕대가 감겨서 상어보다 먼저 죽지 않게 하지. 물고기가 우울해하지 않도록 때때로 대규모 물속 축제가 열릴 거야. 왜냐고, 유쾌한 물고기가 우울한 물고기보다 더 맛있으니까. 거대한 궤짝 속에는 물론 학교도 있을 거야. 이 학교에서 물고기는 어떻게 상어의 벌린 입속에서 헤엄치는지를 배울 거야. 예를 들어 물고기는 지리학이 필요할 거야, 그래야 어딘가에서 게으름 부리며 누워있는 커다란 상어를 발견할 수 있을 테니까. 물론 제일 중요한 건 물고기의 도덕 교육일 거야. 물고기 한 마리가 기꺼이 자신을 희생하는 것이 가장 위대하고 아름다운 일이라고 배우게 될 것이고, 그들 모두 상어들을 믿어야 하며, 특히 상어들이 아름다운 미래를 마련해 줄 거라고 믿어야 할 것이야. 물고기들이 순종을 배운다면 이런 미래가 보장된다는 것을 가르치게 될 거야. 비천하고, 유물론적이고, 이기적이고 마르크시즘적 경향은 막아야 하고 그들 중 하나가 그런 경향을 드러낸다면 즉시 상어에게 신고해야 할 거야. 만약 상어가 사람이라면 물론 서로 전쟁도 일으킬 거야, 이웃에 있는 물고기 궤짝들과 이웃 물고기들을 정복하기 위해서지. 전쟁은 자신들의 물고기들이 치르도록 할 테지. 물고기들에게 가르칠 거야, 그들과 다른 상어의 물고기들과는 엄청난 차이가 있다고. 상어는 물고기들이 벙어리라고 공표할 테지만, 그들은 아주 여러 가지 언어로 침묵하고 있는 거야, 그래서 서로 이해할 수가 없지. 전쟁에서 몇 마리 다른 물고기, 적진에서 다른 언어로 침묵하는 물고기를 죽인 물고기에게는 해초로 엮은 작은 훈장이 붙여지고 영웅 칭호를 받게 될 테지. 만약 상어가 사람이라면 물론 그들에게 예술도 있을 거야. 아름다운 그림에는 상어의 이빨들이 화려한 색깔로 그려져 있고 상어 입속은 유원지처럼 활발히 떠다니는 물고기들을 찬란하게 묘사해 놓을 거야. 해저 극장에서는 용감한 작은 물고기가 얼마나 열광적으로 상어 아가리 속으로 헤엄쳐 들어가는지를 보여줄 것이고, 음악은 너무 아름다워서 물고기들이 그 울림에 끌려서 악대보다 먼저 꿈꾸듯이, 아주 기분 좋은 생각에 빠져 웅얼거리며 상어의 아가리 속으로 떼 지어 몰려갈걸. 만약 상어가 사람이라면 물론 종교도 있을 거야. 그들은 작은 물고기들이 상어의 배 속에서만 비로소 제대로 삶을 시작하게 된다고 가르칠 거야. 그 밖에도 만약 상어가 사람이라면, 지금처럼 모든 물고기가 동등한 일은 없게 될 거야. 그중의 몇몇은 관직을 얻게 될 것이고, 다른 물고기들보다 높은 자리에 앉게 될 거야. 좀 더 큰 물고기들은 작은 물고기들을 잡아먹어도 될지 몰라. 그런 일은 상어들에게 편할지도 모르지, 그렇게 되면 자신들은 좀 더 큰 놈들을 먹게 될 수도 있으니까. 좀 더 크고 지위를 가진 물고기들은 작은 물고기들 사이에서 질서를 잡으려고 하고, 교사, 장교, 궤짝 건설하는 기계 기술자 등등이 되려고 할 거야. 요컨대, 상어가 만약 사람이라면 바닷속에 비로소 하나의 문화라는 것이 생기게 될 거야."

칭찬

K. 씨는 옛 제자들이 자신을 칭찬했다는 소리를 듣고 말했다. "제자들이 이미 오래전에 스승의 실수를 잊어버린 다음에도, 스승 자신은 여전히 그것을 기억하고 있다네."

기다림

K. 씨는 무언가를 기다렸다, 하루 종일, 그리고 일주일 내내, 그리고 또 한 달. 마지막에 그는 말했다. "한 달이었다면 아주 잘 기다릴 수 있었네, 하지만 이 하루와 일주일은 못 기다리겠네."

목적의 하인

K. 씨는 다음 질문을 제기했다.

"매일 아침, 내 이웃은 축음기로 음악 소리를 낸다. 그는 왜 음악 소리를 내나? 듣기로는 체조를 하기 때문이란다. 그는 왜 체조를 하나? 힘이 필요하기 때문이라고 한다. 뭐 하려고 힘이 필요한가? 시내에 있는 적들을 이겨야 하기 때문이라고 말한다. 왜 적을 이겨야 하나? 먹기 위해서라고 말한다."

K. 씨는 자신의 이웃이 체조를 하기 위해서 음악을 틀고, 힘을 얻기 위해 체조를 하고, 적을 때려죽이려고 힘을 키우고자 하고, 먹기 위해서 적을 때려죽이겠다는 것을 듣고 난 다음에, 자신의 질문을 던졌다. "그는 왜 먹나?"

매수하지 못하는 기술

K. 씨는 어떤 남자를 한 상인에게 추천했는데, 그가 청렴하기 때문이었다. 이 주일 후에 상인은 다시 K. 씨에게 와서 물었다. "당신은 청렴을 어떻게 생각한 겁니까?" K. 씨가 말했다. "당신이 채용한 그 남자가 청렴하다고 내가 말하면, 그 말은 당신이 그를 매수할 수 없다는 말이지요." "그래요." 상인은 침울하게 말했다, "그런데, 당신이 추천한 사람이 내 적에게도 매수될까 염려됩니다." "그건 난 모르겠소." K. 씨는 관심 없다는 듯이 말했다. "그는 부단히 내 말에 맞장구를 친단 말입니다, 그러

니 그는 나에게도 매수당하는 거란 말이지요!" 상인은 격분해서 소리쳤다. K. 씨가 우쭐하며 미소 지었다. "나한테는 매수되지 않던데요." 그가 말했다.

조국애, 많은 조국에 대한 증오

K. 씨는 어떤 특정한 나라에 사는 것이 필요하지 않다고 여겼다. 그가 말했다. "나는 어디서나 굶을 수 있어요." 그러나 어느 날 그는 자신이 살던 나라의 적군이 점령한 어느 도시를 걸어갔다. 그때 적군 장교 하나가 그에게 보도에서 내려서 걸어가라고 강요했다. K. 씨는 보도에서 내려서 걸어갔고 자신이 이 남자에게 화가 났음을 깨달았고, 이 남자뿐만 아니라 특히 이 남자가 속한 나라에 대해서도 화가 났다. 그래서 그는 그 나라가 지진으로 무너져 버렸으면 좋겠다고 바랐다. K. 씨가 물었다, "내가 이 순간 무엇 때문에 민족주의자가 되었을까요? 내가 민족주의자를 만났기 때문입니다. 그러니 그런 어리석음을 근절해야 해요, 만나는 사람들을 어리석게 만드니까요."

굶주림

K. 씨는 조국에 관한 질문에 대해 다음과 같은 답을 했다.

"나는 어디서든지 굶주릴 수 있습니다." 그러자 어떤 꼼꼼한 청중 하나가 질문했다, 그가 실제로는 먹을 것이 있는데 굶주리고 있다고 말하니, 어디서 왔느냐고. K. 씨는 다음과 같이 말하면서 자신의 정당함을 증명했다. "아마 내가 말하고 싶었던 것은, 굶주림이 지배하는 곳에 내가 살기 원한다면 어디든지 살 수 있다는 말이었겠지요. 나 자신이 굶고 있는지 굶주림이 지배하고 있는 곳에 내가 살고 있는지는 큰 차이가 있다는 것을 인정합니다. 죄송하지만 다음과 같은 말씀을 드려보겠습니다. 저에게는 굶주림이 지배하는 곳에서 사는 것은 굶는 것처럼 그렇게 나쁘지는 않다고 해도 적어도 몹시 나쁜 일입니다. 내가 만약에 굶고 있다 해도 다른 사람들에게는 중요하지 않을지도 모르지만, 굶주림이 지배하는 것을 내가 반대한다는 사실은 중요한 일이지요."

제안, 그 제안이 주목받지 못한다면

K. 씨는 가능하면 모든 것을 제안할 때, 그 제안이 무시당하는 경우를 생각해서 그다음 제안을 첨부하는 것이 좋다고 권했다. 그가 예를 들어 형편이 좋지 않은 어떤 사람에게 특정한 행동, 가능한 다른 사람에게 적게 손해를 입히는 행동을 조언할

때, 그는 또 하나 다른 행동을 말했다, 원한이 적지 않지만 아주 고려할 가치가 없는 것이 아닌 행동을. "모든 일을 할 수 없는 사람은 좀 더 작은 일도 피하게 해서는 안 되지요."

없으면 안 되는 관리

K. 씨는 상당히 오랫동안 관직에 있었던 한 관리를 칭찬하는 것을 들었다, 그는 없으면 안 되는 아주 훌륭한 관리라고. "어째서 그가 없으면 안 된다는 거요?" K. 씨가 화를 내며 물었다. "그가 없으면 그 부서가 돌아가지를 않아요"하고 그의 지지자들이 말했다. "그 부서가 그가 없으면 안 돌아가는데, 어째서 그가 훌륭한 관리가 될 수 있다는 거요?" K. 씨는 말했다, "그에게는 시간이 충분히 있었소, 그가 없어도 부서가 정비되도록 할 시간이. 그는 대관절 무슨 일에 전념하는 거요? 당신들에게 말하자면, 억압이지요!"

설득력 있는 질문들

K. 씨는 말했다, "우리는 모든 물음에 하나의 대답을 알고 있음으로써 우리의 교리로 많은 사람이 놀라서 겁먹게 한다는

것을 깨달았소. 선전하기 위해서 우리가 전혀 풀지 못한 것처럼 보이는 질문들의 목록을 만들어 볼 수 있지 않을까요?"

선한 자들의 노고

"무슨 작업을 하십니까?" K. 씨는 질문을 받았다. K. 씨는 대답했다.

"나는 수고를 많이 합니다, 다음에 행할 실수를 준비하고 있지요."

참을 만한 모욕

K. 씨에게 불친절한 태도를 보인다고 K. 씨의 동료 하나가 비난을 받았다. "그렇기는 하지만, 내 등 뒤에서만 그래요." 하고 K. 씨는 그를 변호했다.

두 도시

K. 씨는 B.시를 A.시보다 좋아한다. "A.시에서는 사람들이 나를 사랑하지만 B.시에서는 나에게 친절했어요. A.시에서는 사

람들이 나에게 유용했으나, B.시에서는 사람들이 나를 이용했어요. A.시에서는 사람들이 나를 식탁으로 불렀으나, B.시에서는 나를 부엌으로 불렀어요."

재회

K. 씨를 오랫동안 만나지 못했던 한 남자가 그를 보고 인사하며 말했다. "하나도 변하지 않으셨군요." K. 씨는 "어!"라고 하면서 얼굴이 창백해졌다.

역자 후기

달력 이야기란 짧은 이야기를 말하며, 서사적인 다른 작은 형식들 (예를들어 익살극, 일화, 우화)의 요소를 포함하는 형식이다. 이 명칭의 기원은 민간의 달력이라는 매체에서 유래하며, 여기서 발생한 이야기형식은 원래 달력에 포함된 이야기였으므로 제한되어 사용되었다.

독일의 17 세기와 18 세기에 민간에서 사용되던 달력들은 — 찬송가와 성경을 제외하고는 — "배우지 못한"민간계층을 위한 유일한 읽을거리였다. 달력 이야기는 달력이 제공하는 정보와 천문학적 정보 외에도, 농민이 날씨나 수확을 예상할 때 쓰는 격언풍의 규칙들, 건강에 관한 조언, 실용적인 충고, 요리법이나 일반적인 생활의 지혜들도 포함했다. 오락의 가치를 높이기 위해서 "신기한 사건들"이나 단순한 사람들의 일상에서 벌어지는 웃기는 사건들, 자주 역사적으로 중요한 사건들의 이면에 대해서 다룬 이야기도 삽입된다. 이런 이야기들은 언어적으로 단순하게 형상화 되고 구어체 대화를 자주 사용한다. 계몽주의 시대에는 달력 이야기가 민중교육의 수단으로 미신을 타파하고 도덕적인 교훈을 주기 위해 사용되었다.

15세기 독일에서 인쇄술이 발명된 후 달력이 널리 보급되며 달력 이야기는 17세기에서 19세기에 이르기까지 민간에서 달력이라는 매체에 의존해서 널리 퍼졌다. 17세기에 그리멜스하우젠도 달력 이야기를 썼지만, 19세기에 요한 페터 헤벨은 달력 이야기를 고유한 문학적 예술형식으로 발전시켰다. 헤벨은 달력 이야기를《라인 지방의 가정의 벗》에 발표했고 또《라인강변 가정의 보물상자(1811)》[31]에 이야기들을 따로 모아 출간하여 이 장르의 특성을 지속적으로 발전시켰으며 원래 단순하던 이 형식을 언어적으로 높은 수준으로 끌어올렸다. 〈칸니트페르스탄〉과 〈뜻밖의 재회〉 같은 헤벨의 이야기들은 독일문학사에서 필독작품으로 꼽힌다. 그의 이야기들은 민중에 아주 친근한 언어로 씌어졌지만 다른 한편으로 세련된 서술기법을 제시하기 때문에 독창적으로 평가된다.

20 세기에 와서도 독일의 많은 작가들은 달력 이야기를 예술적으로 변형시킴으로써 부활시켰고, 특히 베르톨트 브레히트

---

31   국내에서는《이야기 보석상사》(부북스, 2013)로 출간되어있음.

가 주목받을 만한 작품을 남겼다.

베르톨트 브레히트(1898~1956) 는 독일의 극작가와 연출가로 세계적으로 잘 알려져 있고 〈억척어멈과 그 자식들〉, 〈사천의 착한 사람〉, 〈코카서스의 분필 원〉, 〈갈릴레이의 생애〉, 〈푼틸라 나리와 그의 하인 마티〉, 유명한 〈서푼짜리 오페라〉(쿠르트 바일의 음악), 〈제삼 제국의 공포와 참상〉 등 희곡작품을 써서 유명하지만 시와 산문도 많이 썼다. 특히 1933년 이후 나치 독일을 피해 해외에서 망명하는 동안 그의 독일어 희곡은 독일어권 나라에서는 공연할 기회를 얻지 못하였으므로 브레히트는 이 시기에 많은 시(《스벤보르의 시집》)와 산문(〈서푼짜리 소설〉, 〈율리우스 카이사르님의 사업〉), 그리고 서사극 이론에 관한 글을 써서 발표한다.

1898년 2월 19일 아우크스부르크에서 태어나고 1956년 8월 14일에 동 베를린에서 사망한 베르톨트 브레히트는 현 세기에 아마도 가장 위대한 작가적 역량을 보인 독일 작가이다. 그는 대학에서 처음에 의학과 자연과학을 공부했으나, 곧 연극으로 관심을 돌리고, 뮌헨의 캄머슈필과 베를린의 막스 라인하르트 극장에서 드라마 작가로 활동했다. 그의 첫 극작품《한밤의 북소리》로 그는 헤르베르트 이어링 Herbert Ihering으로부터 클라이스트 연극상을 받았다. 베를린에서 제국의회 방화사건(1933년)이 있던 다음 날 아침 그는 외국으로 도피하였다. 망명자 베르톨트 브레히트는 오스트리아, 덴마크, 스웨덴, 핀란드, 러시아, 미국 그리고 스위스로 옮겨다니다가 1948년 독일로 돌아온 그는 동 베를린에서 아내 헬레네 바이겔과 함께 극단 '베를린 앙상블'을 이끌었다. 이 극단은 브레히트의 서사극에 관한 명제를 실현하려고 한 극단이었다. 베르톨트 브레히트는 사회의 이면을 보는 작가이다. 그는 평범한 사람의 시각에서 냉철한 사실주의 형식을 사용하여 사회를 비판한다. 그는 형식과 사회와 문학을 한데 모아 풍자하기도 한다. 오류에 빠져가는 세상을 폭로하고 패러디하며 변화의 이론을 위하여 적합한 문학적 형식을 창조하기 위해서 지치지 않고 시학을 실험했다.

브레히트는 1948년 4월 처음으로 이제까지 썼던 시와 산문 중에서 몇 편을 모아서 달력 이야기 형태로 발간하겠다는 계획을 언급하였고, 1949년 달력 이야기는 동 베를린의 게브뤼더 바이스 출판사에서 처음 발간되었다. 여기에 수록된 시나 단편 소설은 그가 달력 이야기를 위하여 새로 쓴 것이 아니라 그때까지 발표되었던 것들을 모은 것이다. 〈코이너 씨 이야기〉는《달력 이야기》에 처음 등장하기는 하지만 역시 처음 쓴 것은 아니었다. 이 작품집은 출판 후에 달력 이야기라는 장르가 주는 민중적이고 도덕적이고 교화적인 인상 때문에 처음에는 한동안 문학비평계에서 소극적인 반응을 보였지만 차츰 폭 넓게 호응을 얻어 독일 내에서 정기적으로 출판되고 있다.

우리 국내에서는 브레히트가 동독 작가라는 이유로 한동안 그의 작품 공연이 금지되다가 1980년대 후반부터 그의 연극이 공연되기 시작하면서 본격적으로 많은 희곡이 번역되어 공연이 되고 그의 연극이론인 서사극 이론에 대해서도 많이 소개되고 연구되었으나 시와 산문은 알려진 것이 아직 그리 많지 않다.[32]

역자가 개인적으로 브레히트의 달력 이야기 중에서 특별히 관심을 갖고 소개하고 싶었던 이야기는 〈채신없는 할머니〉였다. 브레히트가 자신의 할머니를 모델로 썼다고 추정하지만, 역자가 아주 오래 전 독일에서 유학할 적에 이 이야기를 처음 접했을 때에, 브레히트의 할머니같이 현모양처의 삶을 잘 사셨으나 말년에 독립적이고 자주적이며 강한 의지력을 보이셨던 역자의 외할머니가 떠올랐다. 이제 역자 본인이 그때 그 브레히트

---

32 시선집《살아남은 자의 슬픔》((1986). 김광규옮김, 한마당; 산문선집)《상어가 사람이라면》((1986).정지창옮김, 한마당) 등을 꼽을 수 있다.

의 "채신없는 할머니"와 비슷한 나이가 되어서, 이 인상적인 이야기 외에도 짤막하지만 교훈적이고도 선입견을 깨면서도 흥미로운 다른 이야기들도 다시 한 번 읽어보고, 이 이야기를 다른 사람들에게도 전달하고 싶은 생각이 들었다. "오랜 세월 속박의 삶을 살다가 짧은 세월의 자유를 맛보고 인생이라는 빵의 마지막 부스러기까지 다 드시고 가신" "채신없는 할머니"에 대한 이야기를. 거기에 코로나19 위기가 한몫했다. 브레히트가 겪었던 전쟁이나 망명생활의 위기와는 비교할 수도 없지만, 내 나름 70 평생 처음 겪어 보는 위기의 상황에서, 외출도 못하고 집안에 틀어박혀 불안하고 답답하고 지루한 시간을 보내면서 감금생활을 할 때, 브레히트의 이야기를 읽고 번역하면서 한 동안이라도 불안과 공포와 지루함에서 벗어날 수 있어서 다행으로 생각했다. (2021년 6월)